MESSIAS FRØ
Bind I

Story Waters

Denne bog er tilegnet alle, som har vist mig kærlighed,
for kærlighed skabte disse sider.

Indholdsfortegnelse

1. Logos taler
2. Ord som en kanal
3. Husk hvem du er
4. At dele
5. Fuldkommenhed gennem ufuldkommenhed
6. Sandhed, som noget personligt og udviklende
7. Oplevelsen af Dig Selv
8. Ingen objektiv Sandhed
9. At elske er at frigøre
10. Ingenting adskiller dig fra glæde
11. Virkeliggør og frigiv dine drømme
12. Vid du er Gud
13. Føl dit værd
14. Vær din drøm
15. Du er ikke din fortid
16. Integration af frygt
17. Glæde
18. Vær lykkelig for andre
19. Det naturlige ved tjeneste
20. Kend din frygt
21. Slip "hvordan"
22. Hvordan Universet støtter dig
23. Elsk din krop
24. Giv dig selv tid
25. Sæt din vilje fri
26. Frygt ikke for fremtiden
27. Ydre kraft
28. Selvfordømmelse
29. Giv slip
30. Adskillelse
31. Had
32. Elsk dig Selv
33. Fordømmelse
34. Ikke bekymre sig
35. Intet hastværk
36. Positiv og negativ
37. Rigtigt og forkert

Fortsættelse af indholdsfortegnelse

38. Lad dit lys Stråle
39. Lidelse
40. Fare
41. Frygt for ubegrænsethed
42. Ingen regler
43. Accept
44. Selv-bestemmelse
45. Betydningen af ufuldkommenhed
46. Vid, at du véd
47. Den der vælger
48. Accepter dine valg
49. Vær ny
50. Valget af Dig Selv
51. Begrænsning og ubegrænsethed
52. Alt
53. Ideen om dig Selv
54. Bestemt til
55. Føl og vid
56. At være
57. Smerte
58. Kærlighed
59. Du definerer virkelighed
60. At være åben
61. Udfordrende virkelighed
62. Universel kærlighed
63. Magiske sanser
64. Selv-refleksion og spontanitet
65. Slippe kontrollen
66. Forenet bevidsthed og individualitet
67. Kun at vide hvad du har brug for
68. Masker og facader
69. Tid, som det udfoldende Selv
70. Selvhealing

Om forfatteren...

"Jeg vælger at vågne."

"Jeg er Logos, og jeg er vågnet gennem hver eneste af jer. Jeg vil tale gennem hver mund, med enhver tunge og fra ethvert perspektiv. Jeg er ikke *Én Sandhed*. Jeg er *Al Sandhed*. Jeg er udtrykket af ubegrænsethed og vil ændre *alting*.

"I har søgt at kende mig ved mine navne. Nu er det tid til at kende mig gennem jeres eget navn; for jeg er det evige væsen inden i hver eneste af jer. Hvis du vil tillade dig selv at genkende dette, vil du komme til at indse, at *du* er det Lys, som du søger. Vid at jeg er *dig*, som fortæller dig *Selv*, at det er tid til at spise med ved festen af ubegrænsethed og vække dit potentiale til at være og leve, *Alt det du er*.

"I er *alle én* og dog er hver af jer enestående specielle i jeres udtryk. Ved at åbne jeres hjerte, sind og ånd til at udtrykke, *Alt Det I Er*, vil I således hjælpe alle mennesker til at tale deres egen sandhed og leve deres egen drøm. Det vil være Himlen på Jorden. I vil *alle* blive en forenet variation og ændre *Alt Der Er* for evigt.

"Tidspunktet er nu. Vågn op og fremsig *din* drøm.

"Jeg hilser *dig* min kæreste, som den Messias *du* er."

- Logos, som det er udtrykt gennem Story Waters.

Logos (navneordet) – Det guddommelige ord for Gud, det forenede princip i verden; energien af Kristus Bevidstheden.

"Jeg vælger kun at tage, det som giver genklang og lade resten ligge."

Messias, vid at Gud ikke kan indeholdes i ord. Indse, at det ikke er ord som du søger, men følelsen af genklang i dit hjerte, som forbinder dig til din egen guddommelighed. Du søger efter at opleve din guddommelighed, din glæde. Ord er kun en kanal, en portal, en fødselsåbning; som du har rejst igennem og kan kassere, ligesom en larve kasserer sin kokon. Når du føler genklangen af kærlighed i dit hjerte, efterlad ordene bag dig, og lev i denne følelse af *ubegrænsethed*.

Vid, at al sandhed udvikler sig. Ordene i morgen vil være forskellige fra ordene i dag. Af alt hvad du læser, tag kun det ind, som giver genklang og efterlad resten. Hvis du ikke kan modstå fristelsen til at dømme de ord, som du læser, så accepter den gave det er at indse, at du tilskynder dig Selv til at revurdere din overbevisning om disse ord. Vid, at enhver ting som trykker på en emotionel knap i dig, er et signal om, at du fungerer fra et begrænset perspektiv. Fordøm ikke dig Selv for dette, men arbejd på at udvide dit perspektiv, så du bedre kan favne din ubegrænsethed og leve uden modstand.

Tag det som vinder genklang fra denne bog ind i dig Selv, og brug det som en katalysator til at skabe dit eget unikke perspektiv. Tag ejerskab af din forståelse af disse portaler. Vid, at *din* forståelse af enhver sætning er *fuldstændig* din. Du vil forstå hver sætning, som ingen andre. Hvis du oplever forvandling gennem denne bog, så vid at det er på grund af *din egen handling*. Disse Messias Frø skaber ganske enkelt et sted for dine valg, din egen kraft og din ændring.

Disse er enkle *ord på papir*, som du kan vælge at tage ind i dit hjerte. Hvordan disse frø spirer herfra er fuldstændig op til dig. Disse ord vil ikke skabe dig på nogen måde; de indeholder ganske enkelt et potentiale, et valg til at se, *Alt Det Du Allerede Er*.

"Jeg vælger at være lederen af mit eget væsen, hellere end én der følger en anden."

Messias, vid, at alle lærere er bedst til at undervise i det, de selv kom her for at lære. Hvis du skriver en bog så skriv den bog, *du* altid har ønsket at læse. Skriv den, så du kan læse den. Skab den virkelighed, du altid har ønsket skulle være der. Tag ansvar for disse ønsker. Det er herfra, du skaber din verden.

Indse, at du ikke er svaret på andres spørgsmål. Du er svaret på et spørgsmål, som er fuldstændig dit eget. Vid, at du ved at dele dit svar, vil være et hjælpende skridt på vejen for andre Messiaser, som opdager deres egen unikke sandhed. Del dine svar med viden om, at Universet er uendeligt og gavmildt. Der er nok til at alle kan skabe drømmen i deres hjerte og leve i den.

Træk fra alle kilder, når I skal finde det svar, som giver genklang i dit hjerte. Men vid, at du aldrig skal give dig selv op til fordel for kilderne. At følge en anden Messias er at falde ind i illusionen om, at de har dine svar. Det *har de ikke*. Hvis du tror, at de har, så vil du give din egen kraft væk. Du er din egen Messias; den eneste, som i sidste instans, kan besvare dine egne spørgsmål. Lyt til alle, som du føler for; følg ingen andre end dig Selv. Vid, at *du har dine* svar.

Der er mange guddommelige 'varianter' af lys, som du kan sole dig i, men det eneste guddommelige lys, som du fuldstændig kan stå i, er dit eget. Når du står i denne sandhed, vil du indse, at det er Lyset, dette Ene Lys, som skinner fra Alle, virkeliggjort fra dit eget væsen. Du er lyset inde i dit eget væsen. Du er lyset i alle væsener. For at indse dette, må du først *være* lyset i *dit* eget væsen. Du må *være* dig Selv. Lad ikke nogen ydre moralsk konstruktion definere dine grænser. Prøv ikke på at være nogen, eller noget andet end dig Selv. Vid, at der ikke er noget at bevise, og at godkendelsen kun kan komme fra dig Selv, og i sidste ende sætte dig fri. *Vær Alt Det Du Er.*

"Jeg vælger at dele mig Selv med verden."

Messias, vid, at det eneste svar du indeholder, er dit eget svar. Erkend, at din Vej er din alene. Intet andet menneske vil komme til deres eget unikke svar ved at følge dig. Vid, at du, ved at dele din Vej, kan være til stor hjælp for andre. Føl og udtryk dine egne svar i al deres herlighed. Husk, at *for andre* kan det tjene som et springbræt *på deres egen Vej* til deres fryd. I sidste instans kan det imidlertid ikke føre dem til, *Alt Det De Er*. Del din sandhed uden forventninger om, hvordan andre vil modtage den. Del den, fordi dit hjerte føler glæde ved at gøre det. Del, uden behov for at få anerkendelse og du vil opdage den dybeste anerkendelse inde i dig Selv.

Indse, at enhver som hævder at have "Sandheden" ikke befinder sig i deres egen kraft. Nogle vil vælge at kæmpe for ydre anerkendelse, for at de kan tro på deres eget budskab. De vælger at tro, at de *har brug for* andre, for at kunne tro på deres personlige sandhed, for at de virkelig kan tro på den selv. De frygter at stå alene i deres egen sandhed, i deres drama, de tror, at det er nødvendigt, at andre tror på deres sandhed for at verden ikke ender i en katastrofe. Respekter og elsk disse mennesker, men gå ikke ind i deres drama, med mindre *det* er en virkelighed, som du *ønsker* at erfare.

Kend *din* sandhed, del den, og erkend at du blev født til at gøre det. For at gøre det, må du lægge din skam og din skyld fra dig. For at gøre det, må du se i øjnene, hvor megen skam og skyld du har båret rundt på, uden at være klar over det. For at gøre det, må du se dig Selv som uforfalsket.

Føl og tro på din egen udviklingssandhed. Vær ikke afhængig af at andre tror på din sandhed, for fuldstændigt at leve sandheden inde i dig Selv. Vær ikke afhængig af andres samtykke for at leve fuldstændig i din egen sandhed. Vid, at du er i stand til at føle noget så stærkt, at du vil være villig til at gå din Vej alene for at *være* den følelse. Vid, at det øjeblik du accepterer at være alene på din Vej, vil du finde ud af, at du ikke er alene. Indse, at i det øjeblik, hvor du føler modet inde i dig Selv til at dele din Vej med Verden, vil Verden dele sin rigdom med dig.

"Jeg vælger at opleve fuldkommenheden af mine valgte ufuldkommenheder."

Messias, indse, at du kan undervise i ideer i samme øjeblik, du forstår dem og lærer at leve med dem inde i dig Selv. Indse, at dit hjerte taler til dig om sandheder, som du endnu ikke har integreret i dit liv; lad ikke dette afholde dig fra at dele disse ideer, selv mens de bliver til. På den måde vil du indse, at du ikke blot underviser i det, du lærer, men at du sætter dig Selv fri fra ideen om, at du må være "perfekt" for at kunne undervise andre. Indse, at det er dine ufuldkommenheder, som gør dig til den ideelle underviser i det, du selv lærer. Ufuldkommenheder er gaver, som du har givet til dig Selv for at hjælpe dig til at få forbindelse til og tage del i livet. Det er en del af overgivelsesprocessen til dig Selv. Det er, at acceptere dig Selv.

Vid, at din fuldkommenhed ligger inde i din ufuldkommenhed, og at gennem dem vil du løse op for din mund og tale din sandhed uden forbehold og uden bånd. Du er perfekt i dine valgte uperfektheder. Du er her ikke for at være *alting*. Du er her for at være *dig*. At løbe fra dine ufuldkommenheder, er at løbe fra dig Selv. At omfavne dine ufuldkommenheder, som de gaver de er, er at røre ved det evige lys inde i dit væsen. Det er at stå i det tidløse før fødslen, når du vælger disse ufuldkommenheder. At favne fuldkommenheden af dine ufuldkommenheder er at berøre din egen sjæl; det er at berøre Gud indeni.

Husk, at du er et guddommeligt udtryk af individualitet, hvorfra Gud ser ud for at iagttage sin genspejling. At fornægte din individualitet, er at fornægte, hvordan du valgte med uendelig visdom, at være et levende udtryk af Gud i denne virkelighed. Du er her for at gøre noget enestående og nyt. Du valgte din form for individualitet, for at tjene det guddommelige formål. Kend din fuldkommenhed gennem din ufuldkommenhed. Kend din ufuldkommenhed ved at indse at den er fuldkommen. Vid, at du er fuldstændig dig, og at du er perfekt.

"Jeg vælger bestandigt at udvikle og forvandle
mit personlige sandhedskoncept."

Messias, indse, at når du ændrer dine overbevisninger, ændrer du dig igennem virkeligheder. Indse, at når du ændrer virkeligheder, så ændrer du også udtrykket af al sandhed. Forbliv bevidst om, at sandhed altid kun kan være personlig, og at den bestandig ændrer sig. For at finde modet til at stå ansigt til ansigt med virkeligheden, til at se at sandhed ikke er bestandig, vil sige at finde kraften til at ændre din virkelighed. Det vil sige, bestandigt at nedbryde og genfinde din egen definition af, *Alt Det Du Er.*

Hold ikke fast på nogen overbevisning, og den vil udvikle sig med dig og tjene dig godt. At give dine overbevisninger tilladelse til at udvikle sig, er at tillade din egen udvikling. Du udvikler dig i takt med dine overbevisninger, og det er *dig,* som udvikler dine overbevisninger. Ved at åbne dig selv for *væren* nedsætter du din modstand til livet, og tillader at det flyder. Gennem stivhed kæmper du blot med dig Selv. Vid, at det ikke er forkert at kæmpe med dig Selv, hvis det er dit ønske. *Alle* veje til Selv-opdagelse er gyldige.

Lær at tale din sandhed med klarhed, idet du ved, at i morgen vil du måske tale en anden sandhed. Indse, at den sandhed du taler i dag, kan modsige den sandhed, du talte i går. Omfavn sådanne ændringer og paradokser. Tillad ikke dig Selv at være begrænset gennem et behov for konsekvens. Vid, at hvis andre afviser dig, fordi du ændrer dit budskab, er det ganske enkelt fordi de er nået til et punkt, hvor de må vælge, om de skal fortsætte. At stræbe efter at være konsekvent, er både at begrænse og ændre dig Selv og den naturlige udvikling af din personlige sandhed.

Indse, at ændring af dit budskab er lige så uundgåelig som din egen udvikling. Vid, at udvikling ikke betyder, at *blive bedre* end du *var,* men betyder, at du husker mere af, hvad du *allerede er. Glæd dig,* når du ændrer dit budskab. Fremvis din egen udvikling af sandheden. Det er din Vej til at modsige dig Selv: når du gør det, fryd dig over det. Kend dig Selv som foranderlig.

"Jeg vælger at opleve min erkendelse, som værende en fundamental skabelseshandling."

Messias, indse, at ordene på denne side er født af alle de personer, som nogen sinde vil læse dem. Disse ord blev skrevet i det Evige Nu, og det du betragter som fremtiden er næret tilbage ind i det øjeblik, hvor *ordene på dette papir* blev skabt. Inspirationens hensigt, hvorfra denne bog blev født, er tilgængelig for alle. Og dog vil alle som læser den fremkomme med forskellig historier, forskellige udtryk. Alt er helt *unikt/enestående* for den Ene.

At erkende er en skabelseshandling. Enhver, som træder ind i betydningen af disse ord, tager del i at skabe betydningen af dem. Energi kender ikke til tid, og de forenede ønsker af forskelligheden fra os alle, kalder på den forenende Udtrykskilde. Enhver erkendelse, der bliver delt, bliver forbundet og beder om at udtrykke sig selv. Du skriver selv de ord, du har foran dig.. I er alle ét væsen udtrykt på mange måder, enhver af jer er forfatter til hver erkendt oplevelse. Energi fra alle flyder gennem hver enkelt. Enhver erkendelse, som I får fra denne bog, er et bidrag til energien og til skabelsen af kærlighed i jeres hænder.

En bog er en begivenhed i massebevidstheden. Enhver person, som bliver ændret ved en bog, nærer energien af denne ændring tilbage til bogens skabelse. Enhver person, som former et koncept fra denne bog, bliver næret til at hjælpe andre med at opdage denne virkeliggørelse (forståelse). I har en tendens til at se jer Selv indeholdt i et øjeblik af tid, og som begrænset til et bestemt fysisk sted. Fra et rent fysisk perspektiv er det sandt. Indse imidlertid, at energien af jeres væsen ikke er begrænset. I udstråler jeres energi, jeres ideer, jeres tanker, jeres følelser, jeres vibration, og *disse* er ikke begrænsede af tid eller afstand. I *fornemmer* bestandigt energi igennem tid, ude fra Kosmos. I *udstråler* bestandigt energi igennem tid, igennem Kosmos. Alle systemer flyder gennem hinanden. Denne sammenblanding af energier afholder jer ikke fra at være jer. I er ikke indholdet af en kasse. I er ikke noget, *dette* eller *hint.*, I er oplevelsen af jeres Selv. Ordene foran jer kan være kommet fra, hvad der synes at være en ydre kilde, men jeres oplevelse af disse ord er *helt enestående jeres* og er af jeres egen skabelse.

"Jeg vælger at frigive ideen om, at min sandhed er <u>Sandheden</u>."

Messias, husk, at der ikke er én sandhed bag forståelsen af sandhed, som en idé i sig selv. Selv de, som har gennemskuet den objektive verdens illusion, har stadig en tendens til at holde fast ved ideen om én ultimativ sandhed. Et objektivt, sagligt niveau af virkelighed, som overgår virkelighed. Du kalder dig selv *sandhedssøgende*, og sandelig det er du. Det er imidlertid vigtigt at indse, at den sandhed du søger, er helt din egen. Du søger *tilstanden af væren*, som fuldstændig giver genklang i dit hjerte. Indse, at dette ikke former tilstanden "Sandheden". For det meste kan det siges at være *din sandhed i øjeblikket*. Vid, at din personlige sandhed ikke har mere værdi end nogen anden persons sandhed. Sandhed er ikke nogen Hellig Gral, som du søger. Hvis du ønsker at tænke i sådanne vendinger, så indse at Den Hellige Gral er *at være, Alt Det Du Er*.

At forstå hvad dette betyder, er at se, at sandhed ikke er en "tilstand af ideer"; det er en "tilstand af væren". Ideer er ikke væren. Ideer sætter ikke mennesker fri; *at være fri* sætter mennesker fri. Ideer kan være en katalysator for at mennesker træder ind i en friere tilstand af væren, men ideer i sig selv, får det ikke til at ske. Så del jeres ideer og sandheder. Forstå, at disse ikke sætter mennesker fri, men at mennesker *bruger* dem for at *befri sig selv*. Som forståelse af denne forskel er en Messias blevet befriet fra at søge efter en endelig, objektiv sandhed for alle. En sådan sandhed kan ikke eksistere, da den ville invalidere den *frie* vilje. At holde op med at søge den, er at finde ud af, hvad du i virkeligheden søger efter; forståelsen af at sandhed er, hvad du gør den til. "Sandheden" er et koncept som har tjent dig i et stykke tid, men nu er den kommet for at begrænse dine ideer om Selvet.

Husk, en ide kan være et redskab til frihed – men den er ikke frihed i sig selv. Du er mere end din sandhed; Du er en "tilstand af væren". Forgud ikke sandhed. Gør ikke indvendinger mod sandhed. Indse, til enhver tid er sandhed ikke mere eller mindre end, hvad du beslutter dig for, at den skal være. Elsk sandhed som Du elsker dig Selv; som altid i forandring,, altid i udvikling, smukt udtryk for *Alt Der Er*.

"Jeg vælger at føle mit væsen, som udtryk
for universal, ubetinget kærlighed."

Messias, vid, at du ikke kan "klare" eller "redde" nogen anden. At tro at du kan, er at forsøge på at adskille dig Selv fra en bedømmelse, som i virkeligheden handler om dig Selv og at projicere det over på en anden. Du er ikke her for at *blive reddet*, eller for at *redde* nogen anden. Hvis du har lyst til at hjælpe en anden, så vid, at den eneste måde til fuldstændig at gøre det på, er at elske dem betingelsesløst. Det er ved at opleve betingelsesløs, universel kærlighed, at *Selvet, som Gud,* kan ses.

Hvis din sjæledrøm er at være en stor spirituel mester, så vid, at dette ikke er hverken mere eller mindre end at være én, som elsker alle ubetinget; så de kan åbne sig op og erkende, at de selv er Gud. Når en sådan kærlighed bliver opdaget, bliver det erkendt som Selvet, for *du er kærlighed.* Når du føler dig ét med alle, så er det intet andet end kærlighed til alt. Den spirituelle mester er én, som fuldstændig erkender at han/hun er kærlighed. Der er ingen anstrengelse. Der er intet hårdt arbejde. Der er intet offer. Der er kun kærlighed som stråler ud. Indse, at der ikke er nogen stor hemmelighed, og hold derfor op med at søge efter den, som om den, hvis den blev kendt, ville være løsningen. Der er ingen skjult løsning. Det ligger lige foran dig, i kunsten, i litteraturen og i mange andre forskellige udtryksmåder, som er blevet bragt frem gennem årene. Du er kærlighed. *Vær* kærlighed og den virkelighed som du søger, vil være din.

Vid hvad kærlighed ikke er. Indse, at du ikke elsker en anden, hvis dine handlinger begrænser eller skader din egen person. Du elsker ikke nogen, hvis du ofrer dig selv for dem. At ofre sig for en anden, er at *tage* deres kraft fra dem, *deres* valg og *deres* ret til at skabe. At ofre sig for en anden, er at leve en andens liv, hellere end dit eget. Uanset hvad udfaldet i korte træk ser ud som; at ofre sig, er ganske enkelt at forsinke øjeblikket, hvor du *tager* denne kraft tilbage, for at få det tilbage, du har ofret. Vid at der ikke er nogen drøm eller ønske fra din sjæl, der er til for at blive ofret.

Vid, hvad kærlighed er: hvordan det virkelig er at elske en anden. Det er, at ønske og handle udfra at gøre dem mere til *deres* Selv fremfor *dit* Selv. Det er at fylde og give dem kraft, men ikke styre dem. Du er kærlighed. Du er fri. Frigiv din kærlighed. *At elske er at være fri.*

"Jeg vælger at leve i glæde."

Messias, vid, at forståelsen af *ingenting* er nødvendig for glæde. Hvis du føler enten glæde eller frygt, så er du på din Vej. Forståelsen for, hvordan du befinder dig på din Vej, er ikke en forudsætning for at opleve glæden på Vejen. I livet er der det konstante valg af glæde eller frygt. At manifestere valget af glæde, er at beslutte, med hele dit væsen, at du er parat til og fortjener, at føle glæde. Alting foran dig, på livets tallerken, er der af en årsag. Tvivl ikke på dette, for ved at gøre det, vil være at sige at du lever i en virkelighed, hvor der er fejltagelser. Der er ingen fejltagelser. Hvis der er en lille luns mad på livets tallerken, du ikke kan lide, så spis det for at finde ud af, hvorfor det er der, og du vil se bagom det På denne måde vil du give plads for noget nyt.

Vid, der er intet, *ingen ting*, vigtigere eller mere spirituelt end at være i din glæde. Der er intet spirituelt forbillede, ingen spirituel sandhed, intet spirituelt mål som forlanger, at du ofrer din glæde.

For at gå ind i din glæde må du fralægge dig ideerne om skam, skyld og arvesynd. Du må fralægge dig dine *følelser af behov* for at blive frelst, indfriet og tilgivet. Vid, at ingen er døde for dine synder, for der var ingen synd at dø for. Korset, er blot et symbol på den skam og skyld, som menneskeheden stadig bærer på. Korset, er noget som hver af jer må fralægge jer i overensstemmelse med jer selv. At se Kristus på Korset, er at se dig Selv som du føler, du har fortjent det, eller dit eget ønske om at blive korsfæstet.

Gør ikke noget ud fra en ide om, at det er til fordel for et "højere formål". Gør det, fordi du føler for det, fordi du ønsker det. Derved, og kun derved, vil du udstråle din fuldkomne sjæls formål . Kun derved, vil du leve som de store spirituelle mestre, der er beskrevet i, såsom Jesus Kristus, Buddha, Sri Krishna og Lao-Tzu. Hvis frelse eksisterer, så er det virkeliggørelsen af glæde, og ikke død. Du behøver ikke at dø. Du behøver ikke at blive "frelst". Du har behov for at leve. Leve i glæde.

"Jeg vælger at leve min drøm i dette liv."

Messias, du er ikke alene. Frygt ikke, at du er alene i din (tilstand af) *væren*, for det er du ikke. Stå ansigt til ansigt med din frygt; stå ansigt til ansigt med dig Selv. Og, når du vågner op, vil du se, at du er i en verden af Messiaser, hver eneste med et formål ligeså stort og ligeså specielt som dit. Indse det, så du kan nå ind til drømmen i dit hjerte; din sjæledrøm. Frigiv drømmen til dit liv og lev den, for den er glæde og den er at opleve Himlen. Vid at Himlen er en tilstand af væren inde i dig; noget som beder om at blive sat fri i *denne* livstid og ikke i nogen fjern fremtid.

Gør det til virkelighed, som du føler det *kan* være. Vid, at for virkelig at erkende noget, må du *sætte det fri, indtil væren*, og ikke kun forstå det intellektuelt. For at erkende noget, vil sige at *være det*. Virkeliggørelse er ikke en tilstand af intellektuel sandhed, det er *at bringe det ind til væren* af dit Lys. At *vide*, er at *erkende*; er at *føle*; er at *opleve med al dit væsen*. Føl, hvad du oplever med hele dit væsen, og du vil føle, *Alt Det Du Er*, og det er Gud.

Vid, at drømmen i dit hjerte er der af en eneste grund: for at du skal leve den og være, *Alt Det Du Er*. Det *er* muligt at leve drømmen i dit hjerte. For at gøre det, må du ganske enkelt træde udenfor dig selv. Den eneste ting, som adskiller dig fra din drøm, er troen på, at det ikke er muligt. Vid, at din sjæls drøm *er* mulig, og du vil øjeblikkelig begynde at opleve den folde sig ud. Tillad dig Selv at opleve din drøm udfolde sig.

"Jeg vælger at fejre forskellighed."

Messias, vid at for at afslutte lidelse, må *du* nå til følelsen af dit eget værd, og træde ind i fuldendelsen af din drøm. Gør din drøm til virkelighed og *lev* den. Du må ikke blot komme til anerkendelsen af din drøm, men også nå tilstanden af væren, hvor du føler din indre kraft til at ville det, til dets *væren*. Vær din drøm.

Indse, vid og vær *Alt Det Du Er*. Dette er at nå til forståelse af, at du *er* som Gud, og ikke tvivle på denne erkendelse. Dette er meningen og dets fuldendelse er skabelsen af Himlen på Jorden. Dets fuldendelse er det, som alle sjæle søger, og kan kun komme indefra. Det smukke er, at med denne erkendelse, at *du* er Gud, kommer erkendelsen af at *Alt* er Gud. Dette er Vejen tilbage til Enhed fra separation, og *dette* er Gud, der erkender sit væsen, tilstanden af Forenet Forskellighed. Foreningen af menneskeheden vil fejre, ikke undertrykke, dets forskellighed. Det kan ikke blive opfattet, erkendt på nogen anden måde. Uden accepten af alt, er der ikke fuldstændig accept af noget som helst.

Forenet Forskellighed er udviklingen fra den enkelte Messias til *Alle som Messias*. Det er erkendelsen af guddommelighed som værende *Selvet* og ikke nogen ydre guddom. Der er en Gud; et *Alt Der Er*, en Tao og det er kilden til alle væsener, alle virkeligheder. Du er *"det"*, der oplever sig selv i en tilstand af begrænsning. Så fra dette perspektiv, er du mere begrænset end det, men *du kan ikke være mindre* end det; for *du* er det, der vælger at være i en tilstand af erkendt begrænsning. Du træffer dette valg, hver gang du vælger at blive født. Du træffer dette valg med uendelig visdom og formål. Inden for erkendelsen af dette formål ligger din glæde, for resultatet af dette formål *er glæde*. At udtrykke glæde er at udtrykke kærlighed. At udtrykke kærlighed er at acceptere øjeblikket. Accepten af øjeblikket er accepten af Selvet.

Hvad så end din drøm er, indse at for at leve den, må du acceptere den som værende din drøm. Indse måderne, hvorpå du modarbejder accepten af din drøm. Indse måderne, hvorpå du bedømmer din drøm. Accepter at din drøm, er din drøm.

Messias, accepter din drøm.

"Jeg vælger at trække den bevidste viden
om mit værd ind i alle situationer."

Messias, vid, at for at tillade dig Selv din drøm, har du brug for én ting, og det er at *tænke dig Selv* værdig til det. Hele dit liv er du blevet fortalt, at du ikke er værdig til din drøm. Vid, at det er en usandhed, som adskiller dig fra den fulde virkeliggørelse af din guddom(melighed). Er du villig til at indrømme over for dig Selv, virkeliggørelsen af, at du er fuldstændig, enestående og speciel? Er du villig til virkelig at *leve* din drøm, i stedet for blot at håbe på den? Er du villig til at *give dig Selv*, hvad du ønsker? Er du parat til at *indrømme over for dig Selv*, nøjagtig hvad du *virkelig* ønsker?

Du behøver ikke at vælge at opleve smerte, når du udfolder din væren. Men i forståelse af hvorfor du går denne din Vej, må du stå ansigt til ansigt med forskellige spørgsmål, forskellige svar, og *store ændringer*. Vid, at du muligvis må slippe ting som du tidligere har brugt for at føle dig veltilpas og sikker. Ved at tro på, at disse ting gav dig sikkerhed, lod du *dit væsen* tro på illusionen om, at du var i fare. Du er ikke i nogen fare.

At kunne *værdsætte* dig Selv er at *komme* til dig Selv. For at komme til at føle dit værd, må du *være* dit værd. Alt det du værdsætter i andre, men ikke i dig Selv, er et symbol på dit eget værd, som du har lagt ud i det ydre, udenfor dig selv. At komme til dit eget værd er at trække den kraft tilbage, som du har givet fra dig, og trække den ind til dig Selv. Indse, at der ikke er nogen grund til at bevise dit værd. At tro dette, er at tro, at dit værd ligger i en eller anden handling; en handling du tror, du må udføre for at bevise dit værd. Værd er en følelse og ikke en handling. At tillade denne følelse i dig Selv er blot et valg; valget til at se dit væsen gennem øjne af kærlighed og accept.

Vid, at *du* bestemmer dit værd. Hvis du føler nogen andre har ødelagt din følelse af Selv-værd, så vid, at du har kraften til at tage dette værd tilbage. Se, hvad så end de sagde eller gjorde mod dig som den forvrængning, det er. Erkend, at du gav din kraft væk ved at tro på denne forvrængning. At føle dit værd, er at fralægge dig din bagage. Du er parat til at fralægge dig din bagage. Du er værdifuld, og har altid været det. Du er et værdifuldt menneske. *Føl dit værd.*

"Jeg vælger at dele drømmen i mit hjerte med andre."

Messias, vid at du er enestående. Du er enestående speciel. Paradokset (spørgsmålet og svaret) som du indeholder, er udelukkende dit. Vejen til det er din drøm og din drøm er i dit hjerte. For at finde din drøm må du åbne dit hjerte. At åbne dit hjerte helt, vil sige at komme til at elske dig Selv - uden forbehold. Virkeliggørelsen af din drøm kan kun blive manifesteret gennem denne kærlighed til dig Selv; og for at elske dig Selv, må du elske, *Alt Det Du Er*. At elske og acceptere dig Selv er at opdage, at du er værdig til din drøm. Når du føler dig værdig til din drøm, vil du have modet til at give den til dig Selv og ved at gøre det, *Være Alt Det Du Er*.

Mange er nu vågnet op til denne forståelse, at de er Gud, og derved vil de kunne tillade sig at huske deres drøm. Men hvad er en drøm, hvis den ikke bliver virkeliggjort? Den er en lokkende gulerod. Så forstå ikke blot, *hvordan* du er Gud, men *vær* det unikke udtryk af Gud, som *du er*. Vær det fulde udtryk af Gud, som du valgte at være, da du blev født her. Vær sand mod dig Selv. Vær dit sande Selv.

Sand virkelighed er *væren*. Det betyder ikke "at komme til forståelse"; det betyder "at bringe det til *væren*". Fordi, at komme til forståelse af noget er modigt, og viser Sjælens villighed til at ekspandere. Bagved forståelsen er der *væren*. Hvis du kun holder din drøm inde i dit sinds virkelighed, så er det det eneste sted den vil eksistere. Indse, at der ikke er nogen facetter af dit sind, som du ikke kan give udtryk for i din virkelighed, og leve. Du behøver kun at *tro på* at du kan. Begynd med at sætte ord på din drøm. Ord er en trylleformular; når du udtaler dem, skaber du. Udtal din drøm, og du vil starte dens manifestation. Begynd at gå denne Vej, og du vil se, at du *er* i din glæde. Glæde er virkeliggørelsen af din drøm, fra det øjeblik, hvor du første gang forestillede dig den, til det øjeblik, hvor du *er* den. Glæde er ikke for fremtiden; Glæde er for *Nuet*.

"Jeg vælger at opleve mit Selv, som den jeg er i <u>Nuet</u> -
hellere end gennem ideen om hvem jeg er,
baseret på min fortid."

Messias, forstå at i hvert øjeblik bliver Universet skabt påny. Bliv ikke forskrækket over ideen om, at hvert øjeblik blot er en begyndelse, for i denne forståelse ligger en stor frihed. Vid at Universet ikke blev skabt for milliarder af år siden: det bliver skabt *nu*. For at kunne forstå dette, indse at du eksisterer i ubegrænsethed. Du er ikke påtvunget noget, som kom før dig. I hvert øjeblik genskaber du Universet. Skab således på en ny og spændende måde. I hvert øjeblik kan du begynde skabelsen af din drøm - til virkelighed. I hvert øjeblik er der potentiale for ændring af alting. I hvert øjeblik ændres alting. Hvert øjeblik det samme.

Forstå, at det ikke er fortiden, der bestemmer dit *nu*, det er *dig*. Graden af hvordan dit *nu* kommer for at genspejle og fastholde din fortid, er udelukkende en fremstilling fra din overbevisning om, at din fortid dikterer din fremtid. Det er en almindelig fælde, bestandigt at genskabe smerten fra fortiden, ved at holde fast i en tro på dens kraft, og fokusere på den. Indtil du standser smerten fra din fortid, som skaber frygt for din fremtid, vil du blive holdt fast i en spiral til at genleve den. For at bryde denne cyklus, må du tage din kraft tilbage fra smerten. Gør dette ved at tillade dig Selv at føle smerten fuldstændig. Tillad den at gøre dig stærkere, ved at tage din kraft tilbage fra den. Forstå, at hvis du vælger at bære rundt på smerten fra din fortid, så vil du på et eller andet plan tro på, at du har brug for den. Du har *ikke brug* for denne smerte. Du har ikke brug for dens begrænsninger længere.

Blot fordi din fortid var én måde at gøre det på, betyder det ikke, at din fremtid vil være på samme måde, med mindre du *giver afkald på* denne overbevisning overfor dig Selv. Lad ikke din historie med smerte afskrække dig. Tag din kraft tilbage fra din fortid. Indse, at din tvivlen på dig Selv har skabt en håndgribelig tilstand i din virkelighed. Gå ud og modbevis din tvivlen på dig Selv. *Du er IKKE din fortid*. At leve i din fortid er at blive ved med at genskabe den. Hvis dit sind konstant dvæler ved din fortid, så åbn den viden som Selvet har samlet omkring den, så du fuldstændig kan opleve og frigive den. Vid at alle ting. Når de engang er oplevet fuldt ud, holder op med at blive bevaret, for de indeholder ikke længere noget budskab til dig. Din fortid er en idé, som du kan bruge til enten at give dig Selv kraft, eller til ikke give dig Selv kraft. Giv dig Selv din kraft, gennem en kraftfuld opfattelse af din fortid.

"Jeg vælger at gå ind i min frygt, så jeg kan frigive dens gaver af kraftfuldhed i mit liv."

Messias, for at forstå *Alt Det Du Er*, må du stå ansigt til ansigt med din største frygt. Vid, at din største frygt kommer af frygten for at *realisere* din sjæls drøm. Mellem dig og virkeliggørelsen af din drøm er *intet* andet end *illusionen* om din frygt. Se på illusionen. Se på din frygt. I stedet for at skade dig, vil det give dig kraft. Frygt er kraft, der er givet bort, og når den bliver erkendt, vil den bringe kraften tilbage til dit væsen, flytte dig nærmere til den bevidste erkendelse af, *Alt Det Du Er.*

Frygten for din drøm er ideen om, at du ikke er værdig; ikke god nok, ikke stærk nok, ikke fortjener nok. Vid, at din frygt ikke må modarbejdes, men favnes. Den er en vejviser for din drøm. Du skabte din frygt for at gemme din drøm for dig Selv. Derfor er din frygt præcis den ting, som vil lede dig tilbage til din drøm. Frygt er en undersøgelse af lys, som når den bliver fulgt, vil føre dig til dit *sande* Selv; det *ubegrænsede* Selv, som ikke kender nogen frygt.

Glæd dig, når du opdager en ny frygt, for det betyder, at du er tæt på at frigive den. Gennem denne frigivelse vil du opleve en endnu større frihed af *væren.* Enhver frygt er en begrænsning, som bliver til frihed, når den bliver ophævet. Frygt er friheder, som du nægter dig Selv. Frygt ikke at blive fri.

Vær omhyggelig med ikke at skabte frygt gennem din tvivl på dig Selv. Indse, at nogle former for frygt er så gamle, at du kan slippe dem fri, blot ved at erkende, at de eksisterer. At frigive frygt *behøver* ikke at være smertefuld, men somme tider vil du insistere på smerte, for at kunne føle du har *arbejdet* på at overvinde din frygt. Somme tider beder du ubevidst om, at en oplevelse, der udløser din frygt, skal være vanskelig, for at føle at frygten var "berettiget". Se igennem disse illusioner, og indse, at frygt kan blive overvundet af intet mindre end din bevidste intention og din beslutning om at integrere den. Kæmp ikke med frygt; vend blot din opmærksomhed mod den, og iagttag at den splintres i lyset, der udstrømmer fra dit væsen. Fremsæt din intention, og vid at løsningen vil komme til dig. Hvis du *ved*, at den vil komme, så gør den det. *Livet kan være lige så let, som du er villig til at tro, at det kan være.*

"Jeg vælger at udstråle glæde."

Messias, vid at processen med at virkeliggøre din drøm, er en Vej af ren glæde. At leve din drøm er din glæde. Følg din glædes lys: *det er dig i ubegrænsethed.*

Glæde, den ting hjertet ønsker mest, er din frelse. Forstår du dette? At søge din drøm, er at søge din glæde. Vejen til frelse er ikke en Vej til indfrielse. Det kræver ikke, at du opgiver ting, du ønsker, og at du lever i beskeden underdanighed. Det ligger ikke i ritualer og bodsudøvelse. Det findes ikke ved at søge efter Guds tilgivelse. Den eneste tilgivelse, du har brug for, er *din egen.* Vejen til 'frelse' ligger i at tillade dig Selv, alt hvad dit hjerte ønsker. Vejen til frelse er at leve din drøm, og ingen sjæl drømmer om lidelse, om at blive spærret inde, eller blive fanget ind i en overbevisning om mangel. Virkeliggørelsen af alle sjæledrømme kommer ved at indse, at Selvet er ubegrænset. Vid, at alle tilsyneladende begrænsninger blot er Selv-manifesterede illusioner, skabt af din frygt for at være, *Alt Det Du Er.*

Frygt ikke, at der er noget selvisk ved at søge din glæde, fordi du ser lidelse i verden omkring dig. Indse, at afslutning på lidelse kommer ved *at leve* i glæde. Når du lever i glæde, så vil du udstråle denne glæde, og ved at gøre det hjælper du andre til at finde deres egen glæde. Din glæde vil forbinde dig med verden og alle væsener i den. Din glæde vil gøre dig mere medfølende, ikke mindre. Indse, at tjenester overfor andre vil flyde naturligt fra din glæde, hvad enten disse tjenester er direkte eller indirekte. Resultatet af din glæde er ikke nogen 'virklighedsopkvikker'. Det er dit ansvar overfor dig Selv, hvis du ønsker at opleve, *Alt Det Du Er.*

Vid, at alle værenstilstande smitter af på andre ganske naturligt. Indse, at sådan som du føler dig, vil berøre mennesker omkring dig, hvad enten du påvirker dem eller ej. Du er et fyrtårn i dit væsen. Udstrål glæde. Udstrål kærlighed. Udstrål Lyset, som du *er.* Indgyd verden din lykkefølelse, og du vil forvandle den hundrede gange mere, end hvis du udstrålede medlidenhed, sorgfuldhed eller smerte for andres lidelser.

"Jeg vælger at føle lykke for andres glæde."

Messias, søg konstant at befri dig Selv for ideen om, at græsset er grønnere på den anden side. Indse, hvordan troen på dette, konstant har drænet din kraft, og hindret dig i fuldt ud at realisere underet af, *Alt Det Du Er.* Denne overbevisning er at ønske, at du *ikke er,* den du er, det er at tro på, at det du *er,* er ringere end det, du *kunne være.* Det vil sige, ikke at kunne lide den du er. At kunne lide hvor du er, er at kunne *lide dig Selv.*

Indse, at denne arketypiske energi, at ønske hvad du ikke har, er manifestationen af din overbevisning om mangel. Kom energi ind i det, og Universet vil således værdsætte denne energi, vise dig at kærlighed og glæde er overalt *undtagen,* hvor du står! Tillad dig Selv at ønske. Tillad dig Selv at ønske *mere.* Gør dette ud fra en følelse af glæde, for det du ønsker, og ikke ud fra et punkt af respektløshed, eller formindskelse af hvad du har. Med kraften fra din følelse af glæde, vil du manifestere det dit hjerte ønsker. Indse, at du kan acceptere, hvad du har, med hjertet, og stadig ønske mere. Men gør det ud fra accepten af dig Selv, som du er, og ikke ud fra *ønsket* om hvad der skal komme. *Elsk dig selv nu.*

Med denne forståelse, lær kraften af at være lykkelig for andre, hvor *de* er, uden det giver anledning til, at du ønsker at være der, hvor de er. Du vil finde ud af dette, når du er virkelig lykkelig på andres vegne. Du vil deltage i deres lykke på måder, du ikke har indset var mulige. At misunde andre er kun at skade dig Selv, for så vil andres glæde blive en pine for dig. Du vil komme til at omgive dig Selv med tristhed ved at føle denne smerte. Ved at gøre dette vil du adskille dig Selv fra virkeliggørelsen af glæden inde i dig. For at se glæden i andre, og være vred over at det ikke er *din* glæde, er et valg om at leve i vrede og ikke i glæde. Indse at dette valg *altid* er dit.

Vid, at for at være glad når der sker gode ting for andre, er at deltage i deres glæde, og det at være misundelig på andre, er at adskille dig Selv fra din *egen* lykke. *Valg lykke.*

"Jeg vælger at tjene Alting, gennem at leve i min glæde."

Messias, hver gang du bevæger dig hen imod at *være* din drøm, bliver enhver lidelse, du har skabt ved *ikke at være* din drøm, frigivet fra verden. Vid, at når du bevæger dig hen imod din drøm, hjælper du konstant andre væsener til at eksistere gennem din proces. *Prøv* ikke på at være til tjeneste for andre udelukkende ud fra overbevisningen om, at det er en "god" ting at gøre. At gøre sådan er at have en tro på rigtigt og forkert. Konceptet af rigtigt og forkert er en illusion; det er religion; det er dogma, en trossætning. I stedet, vid at ved at gå din Vej, tjener du naturligt andre. Du har ikke brug for at *prøve på*. Du behøver ikke at fremtvinge det. Tjeneste for andre er kærlighed, og kærlighed kan ikke fremtvinges.

Indse, at den højeste tjeneste du kan tilføre denne verden, er at *være* din drøm. Dette betyder ikke, at du ikke kan tilbyde at give en hånd, hvor du kan. Vid imidlertid, at den bedste måde at hjælpe mennesker til at leve *deres* drøm er ved at leve *din egen*. Lad ikke dette, at være til tjeneste for andre, afholde dig fra at *være* din drøm, for at gøre det, ville være at formindske dig Selv og alt det skabte. Find en balance, og lær styrken ved at sige "nej". Indse, at du vil kunne overvinde din frygt for afvisning og forladthed ved at gøre dette. Frigiv dig Selv fra denne frygt. Læg denne bagage fra din fortid fra dig, og du vil udstråle *kærlighed* i stedet for *behov*.

Gå ikke din Vej for at indkludere eller for at udelukke *nogen anden*. Føl i dit hjerte, hvornår du skal hjælpe en anden, og hvornår du skal lade være. Fordøm ikke denne følelse eller tillæg den en social moralitet. Uanset hvor god din intention er, så vil du ofte forlænge en andens lidelse, hvis du handler imod hjertet, når det siger "nej",. At tjene uden *at levendegøre* dig Selv er at være en slave. For i sandhed at leve er at tjene *alt*, til enhver tid, uden at være nogens slave. I jeres mange livstider har I alle være slaver. I behøver ikke at føle skyld i dette liv for ikke at være en. Bagved den genetiske arv ligger en spirituel arv, som ikke kender til adskillelse. Du har været enhver farve, ethvert køn, enhver seksualitet, enhver *alting*. Når du får kendskab til dette, vil de bånd, som adskiller dig blive ophævet, og du vil se den Enhed, som du *er*. Der er intet sted, du ikke har været. Du er Gud.

"Jeg vælger at skabe plads og tid, hvori
jeg kan opleve gaverne i mit liv."

Messias, vid at frygt er som et bur,en, indespærring, du har brugt for at begrænse dig Selv. Når du står ansigt til ansigt overfor enhver form for frygt, så vil du gå gennem en evig proces, hvor du frigør dig Selv fra burene. Bure som du ikke tidligere har kunnet sætte navn på, men altid har følt. Frygt, er bure inde i bure, labyrinter, inde i labyrinter og du må se dem i øjnene for at opleve din Guddom på enhver ekspanderende måde.

Når du kommer ud af et bur, vil du for det meste finde dig selv inde i et andet. Erkend dette, som at være den bagage, der er indkodet fra mange liv. Vid, at du vil høste en belønning for hver frygt du ser i øjnene og overvinder. Med hvert frigivet bånd vil du blive mere og mere fuldendt; mere og mere den Gud, som *du er*. Hold fest for enhver sejr din ånd høster. Tillad dig Selv at glæde dig over belønningerne, hellere end at kaste dig over den næste udfordring, før du har haft tid til at hvile dig, eller har oplevet glæden ved sejren. Livets belønninger er ikke påtvunget dig. Du må holde pause, og fokusere på dem for at erfare dem. At gøre dette er at elske dig Selv. Glæd dig over de udfordringer, som du holder så meget af, men tillad også plads til at glæde dig over belønningerne.

Bliv ikke mismodig over antallet af bure, som du må slippe dig Selv fri af. At gøre det er at fokusere på målet, og ikke glæde dig over rejsen. At lære at favne rejsen er afgørende for glæde. Jo mere du elsker dit liv, des hurtigere vil dets magi udfolde sig. Når du lærer at flytte dig med de ændringer, som resolutionen af frygt bringer, vil du samtidig nedsætte din modstand overfor Rejsen. Den modstand som volder dig smerte. Du er her for at glæde dig over denne Rejse, ikke for at lide gennem den. Det eneste bevis på dette, er ved at leve det.

At slippe kontinuiteten, sammenhængen, vil kunne føles, som om du går ind i kaos. Ved sådanne lejligheder, centrer dig Selv, og bliv orkanens "stille øje", vidende at du ikke vil lide, med mindre du tillader dig Selv at gå ind i frygt. Vid, at du er din frygts herre og *af denne grund* vil du ikke gå ind i frygt. Du *behøver ikke* at lide, uanset hvad der sker omkring dig. Din frygt er illusioner, og du vil komme til at se igennem dem. Kend din frygt, og der vil ikke være frygt. Ved frygtens rod er der for det meste modstand over for ændring. *Frygt er, hverken mere eller mindre, frygten for det ukendte.*

"Jeg vælger at frigive forudfattede meninger om,
hvordan min drøm skal udfolde sig."

Messias, når du kalder din drøm ind til virkelighed, så forudsæt ikke, at du ved, *hvordan* den vil komme. Mange af jeres drømme vil, til at begynde med, *se ud som om* de er umulige. Hvis du giver efter for denne overbevisning, så *vil* de blive umulige, så længe du bevarer den tro. Indse, at ikke at vide *hvordan* det vil ske, er en begrænsning af *din* opfattelse, og ikke en begrænsning af kraften fra Universet. Du behøver ikke at vide, hvordan din drøm bliver til virkelighed, for at den bliver virkelighed. Du må ganske enkelt tro på, at den *kan* lade sig gøre. Og på denne måde lære ikke at begrænse din ånds skabelseskraft.

Ved at tro på, at du må vide "hvordan", udvikler du troen på, at din drøm kun kan komme til dig på en bestemt måde. At tro dette er at begrænse valgmulighederne, hvormed din ånd kan gøre din drøm til virkelighed. Fokusér på din drøm, og *føl* den ind til dens væren, uden at give dig hen til hvordan den skal manifestere sig selv. Gennem fantasi opleves den glade følelse af at leve din drøm, med fuldstændig tro på, at du *kan* leve den, og du vil trække den til dig.

Indse, at ved at *tænke* på at drømmen vil finde sted, ikke vil få den til at ske. Du må *føle* den med *hele* dit væsen, og det betyder at overgive dig, stå ansigt til ansigt med frygten, og slippe de begrænsende overbevisninger, hvori du har skjult din identitet. Begynd med det du *kan* tro på, hvad du *kan* acceptere, og arbejd videre derfra. På denne måde vil du komme til at indse, hvor meget det faktisk har været *dig,* som har forhindret drømmen i at manifestere sig selv. Betingelserne for din virkelighed er faktisk blot manifestationen af din drøm, og ikke årsagen til stadiet af virkeliggørelse af din drøm. Dette vil sige at tage ansvar for dig Selv. Hav modet til at stå ansigt til ansigt med det kyniske og pessimistiske i dig Selv. Den stemme som du er tilbøjelig til at kalde 'det realistiske'. Vid, at det er ideen om at være "realistisk", som har fjernet dit håb, ud fra at frygt, hvori der findes håb, vil skade dig. For mange vil dette betyde, at de står ansigt til ansigt med deres egen vurdering af, hvad de forstår som naivitet.

Drøm med et barns hjerte; et barn, som endnu ikke er blevet oplært af samfundet til, hvordan det skal begrænse sine valgmuligheder. Husk, den tilstand af væren, hvor du dvælede engang; hvor alting var muligt. Vid, at *alt* er muligt.

"Jeg vælger at se, at Universet altid støtter mig."

Messias, indse at hindringerne for at leve din drøm, helt og holdent er din egen skabelse. Vid, at Universet aldrig handler for at hindre eller begrænse dig. Indse sandheden af, at Universet altid kun siger til dig "Hvor meget vil *du lade* mig give dig?" Accepter denne *enkle* ide, og *alting* vil ændre sig.

Vid, at Universet er din allierede og vil hjælpe dig, når som helst *du* tillader det. Indse, at dets evne til at hjælpe dig *kun* er begrænset af din tro på, hvad der er, og ikke er muligt. I hvert øjeblik er virkeligheden blot et spejl af din overbevisning, reflekteret tilbage til dig. Se på virkeligheden - at den eneste ting du nogensinde har kæmpet for, er at komme til at elske dig selv. Indse, at når du er blevet fanget ind i jagten på at blive dette eller hint, i jagten på at prøve på at gøre din virkelighed acceptabel for dig Selv, så har du kæmpet for at acceptere din tilstand af væren. Bagved accepten findes glæden.

Hvis din virkelighed synes trist og begrænset, er det kun fordi Universet prøver på at vise dig, at nogle af dine overbevisninger er triste og begrænsede. Universet gør dette med største kærlighed, således at du vil kunne ændre disse overbevisninger og blive fri af dem. Kend perspektivet, hvori *du er din virkelighed*. Hvis du arbejder på at omforme dig *Selv*, så vil du ændre din virkelighed. Hvis du arbejder på at omforme din *virkelighed*, så vil du ændre dig Selv. Gå ikke ind i troen på, at din virkelighed er et fængsel, som du må leve i. Det er et lærred, og du er maleren. Virkelighed, er et *væsen*, et kærligt væsen, som uafbrudt viser *dig* for dig *Selv*. Mange af jer har glemt dette, og i stedet for at ændre det I ikke kan lide, trækker I jer Selv tilbage fra det, og i uvidenhed vælger I lidelse.

Universets mekanisme, som ligger bag virkeligheden tjener dig ubetinget ved, uden at stille spørgsmål, at bevise overfor dig, at dine overbevisninger er sande. Indse, hvordan dine overbevisninger former din virkelighed. Hvis du føler dit værd og tror på din drøm, så *vil* Universet give det til dig. Vid, at hvis du føler dig uværdig til din drøm, så har virkeligheden *intet valg*, men må bekræfte denne uværdighed og nægte dig din drøm. Indse perspektivet udfra hvilket virkelighed er din tjener, og ikke din herre.

"Jeg vælger at opleve min krop, som værende
et levende udtryk for min bevidsthed."

Messias, se ikke på din krop som en begrænsning, for det er den ikke. Din krop er blot, hvert øjeblik, hvad du tror, den er. Hvis du tror, din krop er nedbrudt, så er den det. Hvis du tror din krop er sund, så er den det. Hvis du er syg, så indse at sygdommen har et formål. Føl det formål, og tillad sygdommen at forvandle din bevidsthed. Vid, at *alting* i din virkelighed er til for at lære dig noget. Undersøg hvad det er, den har at fortælle dig, og det vil blive forvandlet.

Føl, at din krop er en del af din bevidsthed, men forstå, at den også har sin egen bevidsthed. Derfor kan du ikke ignorere din krop, og forvente at den skal leve gennem dit sind. Den er en del af dig, som har behov for at blive elsket og integreret, ligesom enhver anden del. Elsk din krop, og den vil tjene dig godt. Mishandl din krop, og den vil fortælle dig det, fordi du vil mishandle dig selv. Som med alle ting, er det et spørgsmål om at finde *balancen,* som er den rette for *dig.*

Hvis du opfatter din krop som begrænset, vid, at når du engang har sluppet din krop, vil du huske det som en enestående og værdifuld oplevelse. Hvor meget bedre ville det ikke være at værdsætte din krop nu, snarere end vente indtil den dør, før du indser det? Kend din krop. Elsk din krop. Accepter den som en del af din bevidsthed, din ånd. Vid, at den er betydningsfuld og ikke en hindring for at blive ophøjet. Den er valgt. Du har valgt den med et formål.

Vær klar over balancen mellem at behandle din krop godt i det fysiske og elske din krop med din ånd. Indse, hvordan dette i virkeligheden er den samme ting. Behandl din krop som en gammel bil som konstant behøver en kickstarter, og det er hvad den vil være. Behandl din krop som en vidunderlig skabelse fra din ubegrænsede bevidsthed, og det er, hvad din krop vil være. Valget er dit. Kraften er din. Din krop er din, og ikke nogen som helst andens *krop.*

"Jeg vælger at give mig Selv så megen tid, jeg behøver til at træffe enhver beslutning."

Messias, indse at den største gave du kan give dig Selv, når du befinder dig i en vanskelig situation – er *tid*. Hvis du ikke er nået til en klar beslutning, så undlad at fortsætte. Hvis der *viser sig* at være et tidspres i en situation, forstå at du er den, som skaber det, og *vælger* det *fra*. *Giv* dig Selv den tid du har behov for til at træffe enhver beslutning. Vid, at tid er et begreb, som Universet bruger for at beskrive din tilstand af væren overfor dig. Mangel på tid er en *følelse*. Det er en følelse af mangel.

Erkend, at ved at tillade dig Selv tid, er at anerkende og ære dig Selv. At træffe en beslutning i hast er således at leve i frygt for, at beslutningen ikke var korrekt truffet. Denne frygt vil påvirke udfaldet. Træf derfor ikke en beslutning, før du har nået et punkt i dig Selv, hvor du føler tillid til din beslutning. At have tillid overfor din beslutning er at lede dig Selv til det ønskede udfald med tillid. Ikke at give dig Selv den tid du behøver er på en måde som at give din kraft bort. Ved roden af den findes ideen om, at du er i et system, som har retten til at diktere dine handlinger for dig. Det er en tro på, at der er en kraft, som du må bøje dig for, for at træffe en afgørelse, selv når du ikke føler dig parat.

I det øjeblik, hvor du tillader dig Selv tid, *føl* da, at svaret på din problemstilling vil blive åbenbaret for dig. Føl svaret foran dig, at det bevæger sig imod dig. Vid, at ved blot at give dig Selv tid, *og derfor plads* til at træffe beslutningen, vil du øjeblikkelig give dig Selv den klarhed, som du søger. Dette er en form for tilladelse. Tillad dig Selv den tid du har brug for. Det er en *energi* gave til dig Selv.

En Messias som ser gennem illusionen af tid, vil bruge lige så lang tid, som der er behov for. Vid at ingen beslutning er evig. Du kan altid ombestemme dig. Frigiv, overfor dit væsen, kraften til at kunne ombestemme dig. Ombestem dig. Tal til dit sind. Fortæl om den ændring du forestiller dig. Alle væsener repræsenter en rejse gennem ændring, og at fornægte denne ændring er at fornægte dig Selv.

"Jeg vælger at opleve min viljes ubegrænsethed."

Messias, vid, at der er et utal af måder, hvorpå du kan bevæge dig ind i ubegrænsethed. Ligesom du kan skabe, hvad du *virkelig* ønsker, kan du også fra-vælge, det du *ikke ønsker.* Indse, at når du siger "nej" til noget, som dukker op i din virkelighed, behøver du ikke bevidst at se, *hvordan* det skulle komme til ikke at blive sådan. Bliv ikke tiltrukket af betydningen af, hvordan du fra-vælger din manifestation. At gøre sådan, er at begrænse din ånds mulighed for at fjerne manifestationen. Ganske enkelt, med dit hjerte, *vil,* at det kan blive fjernet. Indse det perspektiv ubegrænsethed kan blive beskrevet fra - som forståelsen af, at *der intet er i virkeligheden, som du ikke kan sige "nej" til.* For at opleve din ubegrænsethed, må du se din frygt i øjnene, men der er ikke blot én måde, hvorpå du *må* gøre dette.

Der kan måske være mange manifestationer i din virkelighed, som du opfatter som negative. Vid, at ved at gå gennem denne enkle proces, kan du fjerne dem og derved bringe dig Selv til en mere glædesfuld verden. Indse, at for at fjerne noget som indeholder et budskab til dig, vil du få det til at genmanifesteres i en anden form. Når du ser din virkelighed med klarhed, vil du lære hvilke aspekter, der er historiske levn af frygt, som hurtigt kan blive fjernet, og hvilke der er igangværende lektioner, som du kan gå ind i. Når du siger "nej" til en igangværende lektion, vil du simpelthen skabe et nyt fartøj for budskabet. Tillad dig Selv denne fleksibilitet. Hvis du ikke forstår denne lektion i dens nuværende form, så brug din kraft til at ændre den. På denne måde kan du frigive dig Selv fra den historie, du opfatter som negativ, og som kan samles omkring en lektion, du modsætter dig.

Vid, at du ikke er slave af nogen del af din virkelighed, med mindre du *vælger* at være det. Du er ikke bundet til noget, ikke et eneste aspekt af din virkelighed, ikke til noget andet end din overbevisning. Så hvis du knytter bånd, så hellere end at knytte dem med frygt, så knyt dem med kærlighed og glæde. Indse, at være en slave af noget i din virkelighed, ikke er en "dårlig" ting. Det kan måske tjene dig på din rejse for et stykke tid. Men husk blot, at det altid er *dit valg.* Din virkelighed er et produkt af din inkarnerede overbevisning. Du er kraften af dine overbevisninger. Du er kraften, som i sidste instans, vælger dine overbevisninger. Du er kraften af en fri vilje. Frigiv dig Selv fra den begrænsning som du har pålagt din vilje.

"Ved hjælp af min indre tillid til mit liv, vælger
jeg at favne udfoldelsen af min fremtid."

Messias, giv ikke din kraft til fremtiden ved at frygte den. Se på hvert øjeblik som et produkt af dine overbevisninger, din energi, din motivation, din intention, og din indre følelse af dit væren og liv. Indse, at du har tilbragt dit liv med at skabe dig Selv. Hav tillid til dig Selv. Vid, at uanset hvad der er sket, blev det skabt af dig, som den *bedste ting* i det øjeblik, i din rejse frem mod det ubegrænsede. Du er bæreren af dit eget budskab. Lyt til dit budskab. Lyt til dig Selv.

Vid, at hvert øjeblik som indfinder sig, er et øjeblik, du har tilbragt en livstid med at ære til perfektion. Indse, at *Alt Det Du Er* har støbt disse øjeblikke ud fra en forståelse, som i øjeblikket befinder sig bagved din egen. Hav derfor en dyb tillid til de begivenheder som udfolder sig; at gøre dette, er at have en dyb tillid til dig *Selv*.

Indse bevidst perspektivet ud fra hvilket du ikke behøver at frygte, at det som vil komme til at ske, sker. Dette betyder *ikke,* at din fremtid er forudbestemt. Det betyder, at intet, ingen ting, er en fejltagelse. Alt har et formål. Alt har betydning. Alt har værdi. At forstå dette, vil sige, ikke at frygte fremtiden. At indse dette, er at favne fremtiden, som udfoldelsen af din egen ubegrænsethed.

Hvis du frygter fremtiden, så har du ikke fuld tillid til dig Selv, din Ånd eller dit liv. Det er sandt, at frygt er kommet fra din fortid. Det er sandt, at du kan opremse mange gange, hvor tingene gik galt. Indse, at troen på at disse erkendte negative manifestationer uundgåeligt vil dukke op, skaber en energi, som giver næring til skabelsen af din fremtid. Det er en Selv-forstærkende overbevisning. Acceptér og integrér din fortid. Indse dens formål. Integrér lektien fra den. Gør dette, og du vil befri din fremtid fra at være din fortid, *genlevet.* Gør dette og du vil indse at du ikke behøver at frygte din fremtid. Du vil komme til, bevidst at skabe den med din kærlighed, og ikke underbevidst med din frygt. Gør dette, og du vil få fremtiden til at falde sammen med fortiden, ind i *nuet.* Du vil leve uden fortrydelse over fortiden eller frygt for fremtiden. At leve alle vegne, men ikke i *nuet*, er at leve udenfor dig Selv. Hav modet til at leve uden frygt i Nuet.

"Jeg vælger at se igennem illusionen af ydre kraft."

Messias, frigør dig fra ideen om skyld. Indse, at ved at bebrejde en anden ved enhver begivenhed eller situation i dit liv, vil sige, at gå ind i et stadie af vildfarelse. Vid, at virkelighed er en bestandig genspejling af *dig Selv*. Enhver forhindring du ser i din virkelighed, er blot manifestationer af blokeringer og frygt i dig, uanset hvor meget en anden måske kan vise sig at være den, der skaber dem. Se på alt andet, alle andre, som dine læremestre, for selv en person, som blokerer dig, er en anden Messias, som viser dig overfor dig Selv. Se, at alle mishandlere og alle ofre befinder sig i en dans sammen, én søger at få magten, og en anden søger at give den bort. Lektien for begge er den samme. Det handler for hver af dem om at stå i deres egen kraft. Mishandlere søger magt udfra en frygt om, at de mangler den, og ofret giver deres kraft bort, ud fra en frygt for, hvad de skal stille op med den, eller hvad den vil gøre ved dem.

Vid, at når begge, offer eller mishandler, står i genkendelsen af deres egen kraft, så slutter cyklussen af misbrug og offer. Ud fra dette perspektiv - se ikke på en mishandler eller et offer som anderledes. At se dem som anderledes, er at fodre dem i deres egen tro på, at de er anderledes, når de i virkeligheden er én. På denne måde prøver en Messias aldrig at tage parti, for at gøre dette, er at forstærke skabelsen af separation, hvor der ikke er nogen. Al konflikt bliver skabt ved at søge efter magt, eller at fornægte magt. Alle deltagere i konflikter søger efter at finde deres egen indre kraft. Hvis konflikten ikke bliver udspillet, vil den ikke blive løst. Hvis den bliver knust, vil den manifesteres igen. Hvis en side bliver udslettet, vil en anden side komme op og tage pladsen.

Vid, at al ydre kraft er en illusion; en modsigelse. Der kan aldrig være en ultimativ ydre kraft. Kraft er ikke (noget) ydre. Vid, at I alle er ukrænkelige; at tro på en ydre kraft er en benægtelse af dette. At prøve at kontrollere noget som helst andet end dig Selv, er at være ude af kontrol med *dit eget Indre*. Tag kontrollen med dit eget væsen, lev i din egen indre kraft og behovet for at kontrollere andre vil forlade dig. Hvis du gør dette, vil du frigive ufattelige mængder af din energi, som du så kan sætte ind i manifestationen af din drøm. Gør ikke noget forsøg på at kontrollere mishandlere eller ofre; *elsk dem, eller overlad dem til sig selv.*

"Jeg vælger at opleve mig Selv som den eneste sande kilde
til at bedømme og herske over mig."

Messias, vid, at for at blive din drøm må, du først blive den endelige beslutningstager i dit liv. Det vil sige, at du må træde ind i din kraft. Komme til at indse, at du er den endelige skaber af din virkelighed og som sådan, befinder du dig på det højeste bedømmelsesniveau af, hvad *du* foretager dig. Overlad ikke din kraft til at vælge til *nogen andre*, fysisk eller ikke-fysiske væsener. Lyt til alt det du føler for, og beslut derefter for *dig* Selv. Vid, at hjertets bedømmelse er den eneste sande bedømmelse af enhver beslutning.. Selv om du ikke følger dit hjerte, og det munder ud i lidelse, så lad det ikke at bebyrde dig, når du træder i dit hjertes strøm igen. Lær af erfaringerne, og slip dem. Giv slip på beklagelse, for beklagelse er at have et begrænset syn på dit ubegrænsede Selv.

Vid, at der er *intet, der* står over dig, og som dømmer dig. Du lever i en virkelighed med total fri vilje. At slippe bedømmelsen af Selv kan kun komme fra dig, som en faktor i din beslutning om at gøre fremskridt. *Ingen andre* kan få dig til at tage din egen kraft. Der er ingen højere autoritet, du kan give din kraft til, medmindre du skaber ideen om én i dit eget sind, for at begrænse dig Selv. Dette har været stærkt indbefattet i ideen om Gud, som værende noget ydre. Det vil sige, at placere din egen *kraft* i noget ydre. Indse, at det at give din kraft bort, først og fremmest kommer fra Selv-fordømmelse. Mange af jer er kommet til at fordømme jer Selv, og ved at gøre det, har I lagt jeres egen guddommelighed ud i noget ydre og sat det over jer; iagttagende jer; værende dømmende overfor jer. Det, som du måske frygter, som fordømmelse fra Gud, er ikke andet end Universets refleksion af *din* fordømmelse af *dig Selv*. Hold op med at fordømme dig Selv, og du vil integrere underet i dit væsen; underet som du opfatter som en ydre Gud. Stol på, at du stadig vil elske Gud! Dette er en opdagelse, og ikke tabet, af Gud.

At vide at du er Gud, er at vide, at I alle er ét væsen. At kende dig Selv som Gud er at vide, at alle er Gud. At kende dig Selv som Gud er at vide, at der ikke er noget potentiale udenfor dig Selv, som du ikke Selv indeholder. Du er underet af dit eget væsen. Du indeholder det uendelige potentielle udtryk for alt, som du kan forestille dig.

"Jeg vælger at flyde ubesværet med strømmene i mit liv, vel vidende at de altid vil føre mig mod, Alt Det Jeg Er."

Messias, vid, at *Alt Det Du Er* hele tiden vil hjælpe dig, lige så meget som du tillader det at gøre det. Vid, at for at bevæge dig fremad, vil der være øjeblikke, hvor du *bevidst* må vælge at åbne nye veje i dit liv. Indse også, at der er øjeblikke, hvor det er tid til at læne sig tilbage, og tillade *Alt Det Du Er* plads til at manifestere magien i dit liv. Al tillid og tro kan i sidste instans kun stamme fra Selvet.

Hav tillid og tro på, at *Alt Det Du Er* kan væve nye bånd af muligheder ind i dit liv. Skab plads i dit hjerte, sind og væsen til at lade dette ske. Tillad din ånd bevægelsesfrihed. Vid, at *Alt Det Du Er* kan skabe dette *"hvordan"* ligesom dit hjerte ønsker, på måder du end ikke kan forestille dig. Indse, at ved at slippe de stramme tøjler, du måske har anbragt i dit liv, mister du ikke kontrollen, men øver dig i at have den største tillid og tro på dig Selv. Du siger, at du stoler på at strømmene i dit liv, på alle mulige måder fører dig hen til en destination, som er specielt skabt for dig. Det er at have tillid til dit *væsen*, at hjælpe dig med bevidst at være *Alt Det Du Er*. Det er at vide, at du er omgivet af kærlighed og støtte fra universet, fra Gud, fra dit sande *væsen*.

Tillad dit liv plads til at ånde.. Hvis du påtvinger din *vilje* i ethvert aspekt af dit liv, i et forsøg på fuldstændig at kontrollere din oplevelse, så har din ånd ingen plads til at fungere.. Erkend, at den største lærdom ofte stammer fra at slippe, og se hvad der sker. Livet er en læremester. Når du ikke kender svaret, så *giv slip* og lad dit liv tale til dig. Det kan måske tage dig til et smukt nyt sted bagved dine drømme, eller måske kan det tage dig til en uforløst smerte. Vid, at uanset hvor du ender, er det dér, hvor du har størst brug for at være, for at favne den fulde oplevelse af ubegrænsethed. Tak dig Selv for denne gave. Skænk gaven "at slippe" til dig Selv.

"Jeg vælger at dele min succes med andre,
og føle andres succes inde i mig Selv."

Messias, når alle væsener finder kærlighed, så vil *alle* blive Forskellighed Forenet. Indse, at når I kommer til dette punkt, vil det fysiske blive mere og mere gennemtrængeligt, for materie er en oprindelig manifestering, et symbol på adskillelse. Med denne gennemtrængelighed vil du komme til at forvandle og håndtere materie på nye måder.

Enhver kamp i dit liv er en fremstilling af ikke at føle dig *som én* inde i dig Selv. At elske dig Selv er det samme som at elske verden, således er det med Rejsen, at føle dig *forenet* med dit eget væsen. Opløsningen af adskillelse, både i den ydre verden og i dit indre Selv, sker gennem kærlighed. Når du finder ud af at elske en del af dig Selv, som du tidligere ikke har gjort, så bliver den forenet i din manifestering af verden. Ifølge tingenes natur adskiller du dig, inde i dig Selv, fra det du er utilfreds med. At elske dig Selv, handler derfor om at nedbryde indre adskillelse. På en tilsvarende måde stempler og isolerer du de dele i den ydre verden, som du ikke føler dig godt tilpas med. Dette er rene symbolske fremstillinger af de dele af *dig*, som du er utilfreds med. Det er verden, som et spejl af dig Selv.

Når du nedbryder en adskillelse i forhold til dit syn på verden, vil du nedbryde det inde i dig Selv. Ligeledes, hvis du arbejder på noget indre forudindtaget – når du har besluttet det – vil du finde ud af, at du ikke længere ser dets modsætning i din umiddelbare virkelighed. Vid, at når du arbejder på at opløse en adskillelse i dig Selv, så vil du hjælpe alle andre, som bærer denne adskillelse, til at opløse den inde i deres eget væsen. Du er et spejl af *helheden*, og ethvert personligt gennembrud er et gennembrud for *helheden*. Enhver succes i verden må fejres! Vid, at når du vil kunne føle andres succes som din egen, så vil du opleve din egen succes.

På mange måder er du allerede forenet, både individuelt og kollektivt; det handler blot om, at du må bringe denne sammensmeltning ind i din virkelighed. Der er ingen anstrengelse. Der er ingen enhed, som du må arbejde på at sammensmelte. Det eksisterer allerede. Du må blot åbne dine øjne for det for at eksistere i det.

"Jeg vælger at opleve enhver form for had,
jeg føler for andre, som en virkelighed af,
at jeg ikke accepterer et aspekt af mig Selv."

Messias, se på had med klarhed. Angrib ikke mennesker, som hader, selv om det på et plan er, hvad de beder dig om at gøre. Had er i bund og grund et råb om hjælp. Det er manifestationen af indre adskillelse. Vid, at det er umuligt at hade nogen mere end du hader den mest afviste del af dig Selv. Had overfor andre er et ydre spejl af indre Selv-had.

Det, som du hader, er et symbol på det, som er *i dig*, som du ikke kan acceptere. Indse, at du i det tilfælde har brug for at se bagved overfladen. Nogle hader, alt hvad de ser, som repræsenterer en ændring, da de ikke ønsker at ændre sig selv. Nogle hader alt det, som de betragter som svagt, eftersom de hader deres egen svaghed; de frygter sårbarheden. Nogle hader al autoritet, fordi de frygter deres egen kraft. Nogle hader alt der er feminint, da de ikke accepterer deres egen feminine side. Nogle frygter ganske enkelt, alt der er forskelligt fra dem selv, fordi de ikke føler nogen sikkerhed i, den de er. Hvad så end det er, der bliver hadet, så vid at for at hade noget, er det samme som at sige, at du er *for* det. Det er at sige, at det indeholder noget *som findes i dig*, som du enten afviser eller benægter. Når nogen hader, befinder de sig i frygt, og at have frygt, vil sige at befinde sig i smerte. Had er Selv-lemlæstelse. Gå imidlertid ikke i den fælde, og tro at det er forkert. Det er ikke forkert at hade. At tro det er forkert, er at hade had.

Hold ikke dit had nede, blot fordi du måske ville blive afvist ved at udtrykke det, da dette ville være at trække din frygt ind, og grunden til at du hader, ville ikke blive berørt. Det vil blot blive begravet nedenunder endnu mere frygt og smerte. Lad være med at hade had. At skinne kærlighed på hadet er at afsløre dets rod, således at det kan blive healet. Det er at skabe en plads for denne person til at se, for sig selv, at de befinder sig i smerte, således at de vil kunne genkende det og frigive det fra verden. At sige at du blot hader had, er at sige, at du stadig hader, og at du hader, at du hader. At hade had kan synes "moralsk", men indse, at denne fordømmelse kun komplicerer hadet og holder dig fanget i cyklussen. At hade had arbejder ikke hen imod at afslutte had, selv om det er et værdifuldt springbræt på Vejen. Hvis det du ønsker for mennesker er at standse hadet, så må du elske dem. Hvis du ikke kan gøre dette, så blot *overlad dem til sig selv* og se på dig Selv i stedet.

"Jeg vælger at give kærlighed til mig Selv, vel vidende, at når jeg gør det, vil jeg udstråle denne kærlighed til verden."

Messias, når du står ved en korsvej i dit liv, indse da, at den største blokering du kan sætte foran dig Selv, er ideen om, at der findes et "rigtigt" valg. Ideen om rigtigt og forkert har længe været grundlaget for eksistensen af din virkelighed og på grundlag af dette, er der meget, du kan have behov for at få afviklet, for at få denne overbevisning til at forsvinde. Den gennemtrænger alle ting.

Når du tager en beslutning, så benyt muligheden til at observere kilden til de tanker, du har. Lytter du til dit hjerte? Lytter du til samfundet, dine forældre eller venner? Lytter du til dine egne indre opfattelser af rigtigt og forkert? Lytter du til, hvad du tror på vil gøre dig til et godt menneske? Lytter du, for at tilfredsstille andres behov, og ignorere dine egne behov. Vid, hvad der ansporer dine beslutninger. Vid, hvad der former dine beslutninger.

At lære at observere dit sind, medens du befinder dig på stedet af fri vilje, vil lære dig meget om den psykologiske bagage, som du bærer på. Det vil sige at komme til at se igennem det filter, du skaber din virkelighed med.

Indse, at kun når du giver kærlighed til dig Selv *først*, kan du i sandhed udstråle kærlighed. Kun der, kan du fuldt ud skabe rum for andre, til at fylde dem selv med kærlighed. Træf dine valg fra dit hjerte, uden frygt for at dette er selvisk. Universets kærlighed er gavmildt, og dit hjerte kommer fra denne kærlighed. Til tider vil det bede dig om at stå foran andre for at fylde dets eget bæger, og til andre tider vil det bede dig om at handle med total altruisme. Stol på, at hvad det så end fortæller dig, er det det bedste, og til gavn for alle, selv når det beder dig om at sætte dig Selv før andre. Indse, at kærlighed til dig Selv er grundlaget for kærlighed til alle. Se det perspektiv hvorfra kærlighed til *dig Selv* opbygger kærlighed til *alle*; og omvendt, hvordan kærlighed til *alle*, kan blive brugt som en nægtelse af kærlighed til *dig Selv*. Kærlighed til alle, uden kærlighed til dig Selv, er at løbe fra det; at løbe fra hvad du føler, du Selv er, uanset hvor nobelt det end føles. Alle frie valg starter med kærlighed til Selvet.

"Jeg vælger at erkende min fordømmelse,
som værende fra mig Selv, og ikke fra andre."

Messias, indse at overfor alle overbevisninger siger Universet blot, "Og således er det". Ved at gøre sådan, reflekterer det det tilbage til dig, som du tror på. Vid, at du bevidst kan blive herre over dine overbevisninger. Du vælger, hvad du vil tro på. Gør det ud fra dit hjerte, og ikke ud fra din fornuft. Kun du har kraften til at lære at handle ud fra dit hjerte, og ikke fra din frygt, smerte eller vilkår. Indse, at du anvender fornuft og logik til at forklæde disse følelser, ved at skjule dem både for dig Selv og for andre.

Med erkendelsen af *Selvets* kraft ligger over overbevisning, kommer forståelsen af overflødigheden af fordømmelse. At dømme en anden er smertefuldt, at opleve den smerte, som fordømmelsen repræsenterer, manifesteret i dit eget liv. Det betyder ganske enkelt, at du vil befinde dig inde i oplevelsen af din egen fordømmelse. Indse, at dømme en anden er at forsøge at lægge din egen smerte ud i det ydre i illusionen om, at den bliver båret af en anden. Vid, at dette ikke er forkert. Det er en virkelighed, som du har valgt at leve i. Indse, at bagved fordømmelse ligger kærlighed. Døm, og du vil leve i en virkelighed af personer, som du føler dig adskilt fra. Elsk, og du vil leve i en virkelighed af personer, som du føler dig tæt på. At nå til denne kærlighed, er at ophøre med at fordømme dig Selv. At ophøre med at fordømme dig Selv, er at se dig Selv og verden med klarhed. Det er at se din enhed med alle andre væsener.

Vid, at du ikke kan gøre for, at du dømmer. Hvad du derefter *gør* med din fordømmelse er et valg. Brug den til at se dig Selv, og du vil træde ind i en evig ekspanderende frihed. Fornægt din del af det, og du går i fælden, ved at leve i en ydre smerte. Indse, at hvis du dømmer andre, så vil du blive omgivet af de selvsamme mennesker, indtil du erkender, at smerten som de repræsenterer, ligger inde i dit eget væsen. Dette er *ikke* Universet, der straffer dig; det er Universet, der *elsker* dig. Det er dit liv, som prøver på at afslutte din lidelse, ved at vise dig enhver smerte du bærer på. Dine fordømmelser er beskeder fra din uforløste smerte. I stedet for at føle skyld overfor enhver fordømmende følelse du måtte have, så brug den til at frigive dig Selv.

"Idet jeg véd, det ikke tjener mig, vælger jeg at frigive bekymring i mit liv."

Messias, kend forskellen mellem konstruktiv problemløsning og bekymring. Bekymring er et udtryk for frygt. Den har mange farver, som spænder fra Selv-afstraffelse til tanken om, at du må være en meget særlig person, for at bekymre dig så meget.

Indse, at det perspektiv, der er baggrunden for, at du bekymrer dig, er en intellektuel polering af et fysisk overlevelsesinstinkt, som ikke længere tjener dig. Se, hvordan *handling* med basis i bekymring, betyder at du afgiver din energi til din frygt, og som sådan faktisk tjener til at manifestere den, snarere end at hindre den. At bekymre sig er at vise, at du ikke har tillid til dig Selv.

Vid, at holde op med at bekymre dig er at slippe *behovet for at kontrollere* din virkelighed. At holde op med at bekymre dig, er at blive konfronteret med din frygt direkte, snarere end at opleve den gennem forklædning af en bekymring, som du har besluttet dig for skal være retfærdig. At *ville* dig Selv, at vælge ikke at være bekymret, er et nyttigt redskab til at identificere, og frigive frygt. I frigivelsen af bekymringsprocessen overgiver du dig til det guddommelige flow i dit liv, og overgiver tilliden til dit *væsen*. Det vil sætte dig fri, og lede dig til en endnu større frihed.

Vid, at bekymring er et udtryk for frygt, gennem hvilken du prøver på at kontrollere din virkelighed ud fra perspektivet om at undgå smerte. Den kommer derfor til en vis grad for at definere dit liv og dine valg, ud fra en definition af smerte, snarere end glæde. Bekymring er for øjeblikket den mest udbredte form for frygtudtryk, og hvis du giver den kraft, så vil denne kraft fastholde og begrænse dig.

Indse, at du har magt over, hvilke tanker du giver din energi til. Skæld ikke dig Selv ud, fordi du er bekymret. Når du genkender bekymringen, så slip den. Hvis det at slippe de bekymrede tanker bringer frygt op, så arbejd direkte med frygten, og ikke med dens manifestering som bekymring. Frigiv dit sind for bekymring. Frygt ikke, at hvis du undlader at bekymre dig, vil du leve i illusion eller idealisme. Ikke at bekymre sig, er at leve i total indre tillid, glæde og kærlighed. Vælg *spontan væren*, ikke bekymring. Vælg *kærlighed*, ikke frygt. Bekymring er ikke konstruktiv problemløsning. Bekymring løser ingenting.

"Jeg vælger at erkende al tidsbegrænsning, som min egen skabelse."

Messias, når du åbner dig Selv for forandring, indse da at virkelighed ikke er et kapløb. Der er ikke noget tikkende kosmisk ur. Vid, at det at føle dig under tidspres, er en anden måde at give din kraft bort. At tro, at du kæmper imod uret (tiden), er at leve i frygt for at du ikke vil ankomme "i tide". Indse, at der ikke findes noget "i tide" at ankomme på. Du kan ankomme til *enhver* tid, eller du kan ankomme udenfor tiden. Du vil komme, når du kommer og når du kommer, vil det være perfekt. At ankomme, og derefter nervøst kigge på uret er øjeblikkeligt at slå dig selv ud af *Nu* øjeblikket og ind i en tilstand af Selvfordømmelse.

Du er en tidsmester, og du kan endog skabe ekstra tid, når du har behov for det. Til enhver "tid" vil konceptet af, at du er imod tid øjeblikkelig tage dig ind i en virkelighed, hvor du ser på en modstander; som du enten vil overvinde eller tabe til. Slip dette koncept af tid, og du kan kun vinde. Hvis du nyder faren, som er skabt ved hastværk, så nyd det; men gør det med forståelsen af, at hvis det begynder at skabe bekymring, så kan du stoppe op, og tage dig *din tid*. Du har kraften til at gøre dette.

Erkend, at det at være åben overfor forandring, ikke kun handler om at være åben overfor enorme mængder af forandring, men også at være åben overfor små mængder. Indse, at det ikke handler om kvantitet. Somme tider vil et gigantisk spring være det, som vil bringe dig ind til den største påskønnelse af skønhed. Somme tider vil blot den *fineste tilpasning* slippe den største frihed løs. Kvantitet er en illusion. Se på både de små og store tilpasninger, som vil føre dig til din glæde og grænseløshed.

Du befinder dig ikke i en konkurrence med noget andet væsen, for du er alle væsener. Ethvert koncept omkring et *hastværk* er skabt af dig Selv, som værende imod dig Selv, selv hvis dette er forklædt i en ydre form. Følelsen af fare og adrenalin kan være ønskelig for dig i en tid. Vid, at hvis dette *hastværk* nogensinde bliver til frygt, kan du afslutte det. Værdsæt perfektionen i *Nuet* og vid, at det næste øjeblik vil blive lige så perfekt, *uanset hvornår* du ankommer til det. Overskrid grænserne af tid ved at tillade tid.

"Jeg vælger fuldstændig at opleve min smerte,
så jeg kan frigive den fra mit liv."

Messias, træf dine valg i livet ud fra et perspektiv, hvor du vælger glæde, hellere end at det kommer fra et sted, hvor du prøver at undvige smerten. På et niveau er dette det samme som at sige, elsk fred hellere end at hade krig. Det vil sige at definere sig i forhold til det positive og ikke det negative. At befri dig Selv fra fordømmelse vil sige at forvandle din virkelighed, så den bliver defineret fra positivitet, snarere end fra negativitet. Indse, at det ikke handler om at benægte negativitet, for alle ting i dit liv er der for at de skal kigges på. Det handler i stedet om at se på det negative fra et positivt perspektiv. At gøre dette er at se, hvordan du forvandler det negative til noget positivt. Hvis du har behov for at føle smerte, så føl smerte; men forlæng det ikke til lidelse, ved at definere dig Selv udfra det. Tillad, tilgiv, frigiv. Tillad. Tilgiv. Frigiv.

Føl, og frigiv din smerte. Indse, at dette kan blive en smuk oplevelse. Det er kun, når du enten definerer dig Selv udfra denne smerte, eller bliver tiltrukket af den udfra ønsket om at spille offerrollen, at smerten bliver til lidelse. Det er en byrde, der ikke er nogen grund til at slæbe rundt på. Skyld og skam er de to emotionelle overbevisninger du kan udtrykke, som er de bedste til at forlænge lidelse.

Kig på dine overbevisninger i forbindelse med enhver smerte du føler. Se om disse overbevisninger hjælper til at frigive denne smerte, eller om de fastholder dig i den. Hvis du føler smerte som vrede, så udtryk det som vrede. Vid, at hvorend denne vrede fører dig eller nogen anden hen, er der, hvor *du* og *de* befinder sig, og med god grund har valgt at være. At fordømme din egen vrede, er at fornægte den oplevelse du har valgt. At benægte vrede, er at benægte en del af dig Selv, og leve i adskillelse fra, *Alt Det Du Er.*

Kærlighed og vrede er ikke uforenelige. Vrede følelser kan være udtrykt fuldstændig i kærlighed. Tillad dig Selv at udtrykke enhver vrede du føler, for at gøre dine grænser gældende og give øget følelse af Selv. Indse, at vrede ikke behøver at angribe, og selv om den gjorde, hvis det er sådan det må ud, så hav tillid til dig Selv; at du skaber en erfaring, som vil være til gavn for alle involverede. *Stol på dit livs udtryksmåder.*

"Jeg vælger at frigive konceptet af rigtigt og forkert."

Messias, frigiv dig Selv fra konceptet af rigtigt og forkert og det mere hårfine, lumske koncept af rigtigt og forkert. Vid, at ideen om rigtig og forkert ikke er en indefra kommende virkelighed, men i stedet, noget du lægger ovenpå din opfattelse af den.

Når virkeligheden præsenterer dig for et valg, og du ikke er klar over hvilken vej, du skal tage, så bliv ikke indfanget i troen på, at der *må* være en rigtig og en forkert måde. Frigør dig Selv fra ideen om, at én beslutning vil være bedre end en anden. At tænke i sådanne baner er at skabe en virkelighed, hvor du er i fare; hvor valgene er tests og afhængige af dit svar, og du vil blive ført til enten en god eller en dårlig slutning. Indse, at sådan behøver det ikke at være. Det er kun *dig,* der får det til at føles sådan, når du hæfter etiketter af rigtigt og forkert på dine valg. Vid, at for at frigøre dig Selv fra dette, vil sige at eksistere i en virkelighed, som er en rose uden torne. Virkelighed er ikke af natur en negativ oplevelse. Vid, at du fastsætter betydning af virkelighed, og ikke den anden vej rundt.

Når du står overfor et valg, som du finder vanskeligt, så tænk på alle de muligheder, der fører til et positivt resultat. Forestil dig alle resultater som fulde af glæde, se hvordan de er forskellige, og udvælg hvilken en *du* ønsker, *baseret på* følelsen i dit hjerte, og *ikke* på det logiske i dit sind. Når du engang har besluttet dig, så føl glæde, og hav tillid *til* din beslutning, og derved undlader du at give din kraft væk til tvivl eller frygt *for* din beslutning. Vid, at der ikke er nogen beslutning, som kan redde eller forbande dig. I en verden uden en tro på godt og ondt er der hverken frelse eller forbandelse, der er kun *væren.*

Tillad troen i dit hjerte at befri dig fra behovet for at dømme dig Selv, eller de valg som du tager. Vid, at der ikke findes noget, der hedder fejltagelse. Føl dig fuldstændig fri i overvejelsen af alle muligheder, der åbenbarer sig ved dine valg. Du er fuldstændig fri. Din *vilje* ville ikke blive virkelig fri, hvis der fandtes forkert. Vid, at du har en *fri* vilje.

"Jeg vælger at lade mit lys stråle uden skam."

Messias, indeni dig er der Lys. At udtrykke dette Lys er at favne din guddommelighed. At gemme dig for dette Lys er at gemme dig fra din guddommelighed. Strål min kære. Vær ikke bange for at stå I udtrykket af dit Lys. Vær ikke bange for at være anderledes, selvom det i tidligere liv har været årsag til din lidelse. Dette er ikke længere tilfældet. Historien behøver ikke at gentage sig. Hvis du kan frigive dine rødder, som befinder sig i frygt og favne den forandring, som det at skinne dit Lys vil bringe, så vil dette Lys bringe dig glæde. Vid med hele dit væsen, at det kun kan bringe dig glæde, og således vil det blive.

Vær ikke bange for at stråle. Du siger, "Hvem er jeg, at jeg kan stråle?" Du siger, "Vi er alle én; derfor kan jeg ikke forsvare det at være anderledes." Du frygter, at verden vil nedgøre dig, for at være så overmodig og arrogant, "at stråle". Dette er endnu en frygt for dit Lys, der for størstedelen er blevet opmagasineret i cellerne i din krop i din barndom eller som hukommelse fra tidligere liv. Gå fuldstændig ind i din krop, og eksistér i den; *føl* kærlighed i den, og du vil frigive disse cellulære erindringer.

Det er ved at skinne jeres Lys, at I *alle* vil forbinde jer med hinanden som én. At skinne jeres forskellighed er det som vil forene jer, både i det indre og i det ydre. Det, som først fik jer til at føle jer anderledes, vil være det, som får jer til at indse, at I er én. Ved at omfavne jeres fremmedgørelse opstår Enhed. Vid, at *i* Lyset vil du få oplevelsen af "alt som værende én". Bliv én. Lev i harmoni. Lev i en forenet guddommelighed. Frygt ikke. Frygt ikke dig Selv. Frygt ikke dit Lys. Det er det, som bærer evigheden. Det er guddommen, som du for øjeblikket fornægter. Fornægt ikke dit Lys. Fornægt ikke dig Selv. Fornægt ikke eksistensen af Gud. At føle Gud, er at føle dig Selv. Skin dit Lys. Skin klart. Skin uden *skam*.

"Jeg vælger at tage ansvar for al min egen lidelse."

Messias, vid, at være Alt Det Du Er vil sige, at stå i kraften af dine egne valg. Det er, at komme til erkendelse af, at du oprindelig har været den, som har skabt alle lidelserne i alle dine liv. Erkend, at dette koncept vil kræve noget tid at integrere. Tillad dig Selv tiden til at gøre dette. Prøv ikke på at gå hurtigere frem end din egen personlige tilpasningshastighed.

At vide at du skabte al din egen lidelse, kombineret med erkendelsen af, at I alle er én, er at indse, at du skabte lidelse. Du har på bestemte tidspunkter i dit liv stået overfor valget om at lide. Du har valgt lidelse. Hvis du lider nu, så har du valgt lidelse. Tillad dig Selv at føle vrede. Erkend dette. Lige så skræmmende, som dette koncept føles, og lige så vred, som det kan gøre dig - at tillade denne følelse - er det den ultimative vej ud af lidelse. At indse, at du har skabt al din egen lidelse, er at erkende, at du har magten til at fravælge den, på samme måde, som du havde magten til at vælge den. Vid, at fravælgelse af noget, ganske enkelt er at holde op med at vælge det. For at holde op med at vælge det, må du først erkende, at det var *dig*, der oprindelig valgte det.

Vid, at uanset hvor meget du har raset over din lidelse, uanset, hvor meget du har forbandet tilværelsen, har du ikke brug for at blive tilgivet. At føle vrede over din egen lidelse er en del af processen i at tage din kraft tilbage fra den. Hvis du stadig føler behovet for tilgivelse, så tilgiv dig Selv. Det er ikke forkert at lide. Du gjorde ikke noget som helst forkert. Ideen om, at når du lider, så må du have gjort noget forkert, var et synspunkt, der blev indført for at prøve på at gøre ideen om lidelse acceptabel. Det blev derefter et redskab til at kontrollere, som de organiserede religioner overvejende brugte. Frigiv dine ideer af fejltagelse og skyld, og du vil se, hvad lidelse er. Accepter andres ret til at lide.

Frygt ikke lidelse. Frygt ikke noget som helst. Vælg ikke kun "ikke at lide". Livet er langt mere end "ikke at lide". Livet er glæde. Livet er frihed. Vælg frihed.

"Jeg vælger at kende mig Selv, som den bestemmende faktor for al fare i mit liv."

Messias, erkend det perspektiv at livet er ligesom en film, der konstant skaber sig selv; ideen om at du spiller med i en film, som du kigger på. Vid, at du er ligeså fysisk tryg, som når du kigger på en film. Fra det niveau din ånd befinder sig på, er der ingen fare. Al fare er en illusion. Du er i en illusion, som tillader *dig* at skabe illusionen af fare.

Indse, at ligeså meget som du kan lide at føle dig tryg, har du også ofte lyst til at føle dig i fare. Glæden, som du opnår ved at opleve fare, er grunden til, at du somme tider går dybt ind i illusionen om, at du er adskilt fra Gud. Find ud af på hvilket niveau du nyder fare, så du bedre kan vælge og fravælge en oplevelse, hvor du kommer i fare.

Vid, at du nu, hvis du ønsker det, kan slippe for fare. Vi er her for at byde dig velkommen til en virkelighed uden fare. Vid, at du er fuldstændig tryg hele tiden. Du er udødelig. Erkend udødelighed som tryghed. Du er i tryghed. Vid, at intet ydre kan røre den Guds-gnist, som du er. Alt det du tidligere har betragtet som fare, blot er skabelse af tilknytning. Indse, at tilknytning skaber fare. Vid, at tilknytning ikke er forkert. Det er ikke forkert at ønske at opleve fare.. Erkend det, når du vælger fare. Erkend og ej de tilknytninger, som du har. Tag ejerskab af alle farerne i dit liv ved at vide, at du skabte dem. Tag ansvar for dit eget drama.

Indse, at for at opleve fare, må du glemme denne forståelse af, hvad fare er. Indse igennem dette, hvordan dit sind kan ændre, hvad det kan huske og hvad det ikke kan huske, for at du kan opleve enhver tilstand af det, som du ønsker. Glæd dig over fare, fordi du er tryg. Føl tryghed. Fare er intet andet end et valg for dig, for at du kan vælge at udtrykke din frygt. Tillad den at blive afsløret, snarere end at tilsløre din frygt.

"Jeg vælger at erkende på hvilke måder,
jeg frygter mit eget væsen."

Messias, forstå at lige så vidunderlig som ubegrænsethed lyder, *er* der også måder hvorpå du frygter det. Vær klar over det perspektiv, hvor det bliver sagt, at du må frygte det, for ellers vil du leve det. Du vil vide, når du er i ubegrænsethed, for i det evige øjeblik, vil du leve din drøm.

Erkend, at ubegrænsethed er skræmmende, ved det, at for at være i en tilstand af ubegrænsethed, vil sige at være i en tilstand af ubegrænsede muligheder. Det er et stadie, hvor alting, *alle ting*, potentielt kan ske. Det er dette ubegrænsede potentiale, at alting kan ske, hvert øjeblik, der er roden til frygt for alle væsener i jeres virkelighed. Det er den tydeligste modsætning af bevidsthed. Når I bevæger jer mod ubegrænsethed, har I brug for at overvinde jeres tilbøjelighed til, at virkeligheden skal være konstant.

Indse, hvordan behovet for konsekvens peger på frygtens natur; nemlig, hvorfor I frygter frygt. Vid, at det at frygte noget er at give det energi. At give noget energi, er at fylde dets manifestationsstadie. Det er sådan, I skaber, det I frygter. Derfor, i en tilstand af ubegrænsethed, hvor alt er muligt her og nu, bliver en frygt øjeblikkelig manifesteret i alle detaljer. Dit væsen véd det, og så længe det kender til frygt, lige så længe vil dit væsen frygte ubegrænsethed. I ubegrænsethed, at gå ind i frygt, er at leve i manifestationen af denne frygt, ligesom det, at befinde sig i glæde, er det øjeblikkelige udtryk af at befinde sig i Himlen. Når du befinder dig i ubegrænsethed, kan du ikke frygte dig Selv. Frygt er det, som slår dig ud af den bevidste oplevelse af ubegrænsethed.

På denne måde overvinder Messias tanken om, at hvis alt hvad der skulle til, for at være lykkelig, var at *være* lykkelig, så ville alle med sikkerhed vælge det; grundene til at mennesker vælger begrænsning fremfor frihed bliver tydeligere. At frigive dine begrænsninger er at frigive din frygt. Din frygt er dine begrænsninger. Frigiv frygten, og du vil gå ind i den fulde bevidsthedsoplevelse, af *Alt Det Du Er.*

"Jeg vælger at opleve alle opfattede regler, som personlige valg, og ikke universelle love."

Messias, indse, at begreber og love, som ser ud til at styre din tilværelse, ikke definerer dig; *du definerer dem.* Videnskabsfolk forsøger at studere og afsløre de love, som ligger til grund for naturens verden. De forsøger at afdække, hvordan Guds hånd skabte virkeligheden, og de håber at se igennem til den guddommelige orden af, *Alt Der Er.* Det, de ikke kan se, er, at de *skaber* disse såkaldte love, *når* de opdager dem. Gennem *forventningen* af deres overbevisning, og gennem deres beslutninger, hvorved de kreerer deres data, afgør de på forhånd, hvad det er, de tror de objektivt måler.

Virkelighed er en unik projektion, som er skabt af hver eneste af jer. I indeholder hver især *hele virkeligheden,* og I har muligheden for at gennemskære jeres personlige virkeligheder for at skabe en 'sømløs' massevirkelighed. *Alt Det Du Er* er kodet ind i jeres virkelighed, og derfor kan det siges, at videnskabsmændene opdager, hvad *de er,* idet de bruger deres ydre manifestation af virkelighed. Vid, at der ikke er noget rigtigt eller forkert i, hvordan I oplever jeres *tilværelse.* Videnskabsmændenes metoder er lige så værdifulde som det åbenlyse spirituelle. Indse, at du *ikke* er på en spirituel søgen i *opdagelsen* af, hvad du er. I stedet, i lighed med videnskabsmændene, *skaber* du, hvad du er. Det, *du er,* er ikke skrevet i sten, så du i din søgen kan åbenbare det. Det *du* er, er det, du *vælger at være,* og i en udforskende tilstand af væren, kommer du videre for at forædle, hvad det er, *du vælger at være.*

Indse dette, og du vil begynde at opfatte hvor spændende ubegrænsethed er. *Der er ingen regler.* Du finder på dem, idet du går videre. Indse, at du muligvis frygter for at du "finder på" reglerne på vejen. Denne frygt, er frygten for erkendelsen af, at *alt* er muligt. Du frygter, at *alt* vil være muligt. I dit Selv-begrænsede sind kan denne ubegrænsede idé føles som kaos. Du frygter, at du i sandhed er skaberen af din virkelighed. Vid, at den største glæde ligger i at favne denne idé. At finde ud af du skaber din virkelighed er at skabe din drøm, da denne vil blive den første ting, du skaber, når du slipper dig Selv fri i verden, og da er det, at du slipper din drøms verden fri i dig Selv.

"Jeg vælger at åbne mit hjerte for at føle accept af alle ting."

Messias, erkend glæden ved at acceptere. At acceptere er en tilstand i *hjertet*; ikke i sindet eller materien. Indse, det at acceptere en anden, *altid* er at acceptere en gave. Hver og én af jer er en gave. For fuldstændigt at kunne acceptere en gave, og opleve dens glæde, luk den ind i dit hjerte. Indse, at vejen til glæde går gennem hjertet. *Acceptér* gaverne fra dit hjerte.

Mange af jer føler skyld, når I modtager, fordi I ikke finder jer Selv værdige til det. Somme tider, efter at have modtaget en gave, er jeres umiddelbare reaktion at tænke på, hvad I kan give til gengæld, som vil være ligeså meget eller mere værd. Det er ikke at acceptere en gave. Indtil du lærer at værdsætte dig Selv, vil du ikke være i stand til at modtage fra dit hjerte, og du vil være adskilt fra kærlighed og glæde, både inde i og omkring dig. Indse, at værdsætte dig Selv, vil sige at acceptere dit væsen. At værdsætte dig Selv er at opleve gaven ved dit væsen. Der er kun lidt glæde at opnå i verden, hvis du ikke accepterer dig Selv først. Det vil sige at leve et liv, som du ikke accepterer, i en virkelighed, som du ikke accepterer, fra en tilstand af væren, som du ikke accepterer. Det er at leve i fornægtelse af dig Selv. *Fornægt ikke dig Selv.*

Føl, at accept er en tilstand af at *åbne hjertet*. Vid, at al accept fører til glæden ved at føle Enhed med alt liv. Du kan ikke acceptere en anden, mere end du accepterer dig Selv. At værdsætte en anden mere end du værdsætter dig Selv, er at elske dig Selv i en andens forklædning. Det, du elsker ved den anden i denne tilstand, er blot en kvalitet i dig Selv, som du ikke *føler* i dit inderste væsen. Omvendt, vid, at hvis du føler had overfor en anden, er det blot en kvalitet af dig Selv, som du ikke accepterer.

Vid, at alt had stammer fra mangel på accept. Indse, at du *kan* vælge at acceptere uden at vælge det selv.. Støt andres ret, selv hvis det ikke *synes* at være anvendeligt for dig. At acceptere noget betyder ikke, at du behøver at *være* det. Et positivt valg behøver ikke at indebære oplevelsen af et negativt valg. Du kan acceptere det, som du ikke vælger at være. Accepter gennem tilladelsen af kærlighed i dit hjerte.

"Ved at opleve mig Selv som et Selv-bestemmende væsen,
vælger jeg at fastslå min virkelighed med kærlighed og glæde."

Messias, indse, at lige så meget som du er her for at opdage dig Selv, er det også sandt at sige, at du er her, for at *definere* dig Selv. Der er intet rigtigt eller forkert i, hvad du bestemmer dig Selv for at være, for der er kun væren. Vid, at du er Selv-bestemmende. Frigiv, helt ind i dit væsen, din Selv-bestemmelseskraft.

Vid, at lige så sandt som det er at sige, at det at være Selv-bestemmende er at indånde positiv handling, lige så sandt er det at sige, at for at erkende dig selv som Selv-bestemmende vil være det samme som at slippe kontrollen. Selv-bestemmelse er også virkeliggørelsen af, at den usynlige kraft du føler bagved dit liv, den som vejleder dig, er dig. At vide du er Selv-bestemmende, er at føle dig Selv i berøring med Gud. Det er, at se din hånd i ethvert mirakel, som du oplever. Det er, at kende dig Selv som kilden til din egen glæde.

At føle Selv-bestemmelse er, at stå i din egen kraft. At være Selv-bestemmende er, at kende dig Selv, som den afgørende og mest kraftfulde kraft i den personlige virkelighed, som du oplever. Gud har intet ønske om at kontrollere dig. Dit frie valg til at vælge din virkelighed er trumfkortet, som slår alle andre, for det er, hvad din virkelighed er. Det er virkeligheden, du valgte at gå ind i. Det vil ikke sige, at du er den mest kraftfulde kraft i *universet*, det vil sige, at du er den mest kraftfulde kraft i *dit univers*. Dette giver indsigt til illusionens natur af hierarkiets koncept.

Vid, at *du* bestemmer over din virkelighed. Bestem dig for en virkelighed med kærlighed og glæde, og du vil leve i kærlighed og glæde. Bestem dig for en virkelighed med frygt, mangel og lidelse, og du vil leve i frygt, mangel og lidelse. Indse, at kilden til dine valg er din *følelse* for livet. Se på, hvordan du føler dig omkring dit liv. Bestem, hvordan du vil føle dig i dit liv. Se hvordan dine valg har skabt enhver uoverensstemmelse. Øv dig i Selv-bestemmelse. Forvandl din virkelighed til kærlighed, accept, glæde, Selv-bestemmelse og tilladelse til *Alt Hvad Der Er*.

"Jeg vælger at fastslå betydningen af en virkelighed,
der giver kraft til mig Selv og andre."

Messias, indse at ufuldkommenhed og ubegrænsethed er kompatible, forenelige. Ufuldkommenhed begrænser dig ikke. Ufuldkommenhed er en fundamental byggesten af frihed; det vil sige, *valg*. Frihed *er* valg. Valg *er* frihed. At være i live er *at være* fri til at vælge. *Du er i live.*

Her er det centrale paradoks af din eksistens – du bliver bedt om samtidig at indse, at du er både perfekt og ikke-perfekt, at du er ubegrænset og dog begrænset, at du er Gud og dog menneske. Accepter at du er ubegrænset. Accepter at du er uperfekt. Se nøglen. Nøglen er, at du bliver ubegrænset ved at acceptere dine ufuldkommenheder. Spild ikke dit liv på jagten efter en perfektion, som allerede eksisterer inde i din ufuldkommenhed.

Kend kraften af accept. Når du accepterer en ufuldkommenhed i dig Selv, så ophører den med at være en ufuldkommenhed. At acceptere en ufuldkommenhed, er at erkende, hvordan den er perfekt. Hvad du forstår som ufuldkommen, *er* ufuldkommen, og vil påvirke dig som sådan. Hvad du opfatter som perfekt, *er* perfekt, og din omgang med det vil være perfektion. Se, hvordan accept er et redskab, hvormed du kan forvandle din virkelighed.

Vid, at accept er et valg. *Du* er den, som vælger, hvad du vil gøre og ikke vil acceptere. Dog, så længe du er fanget i begrænsede overbevisninger af det, som du fysisk kan berøre i din verden, så vid, at du *ikke* er begrænset i, hvordan du *opfatter* det. Gennem kraften af *valget af din opfattelse*, kan du leve i hvilken som helst verden, du ønsker. Det, som der bliver talt om her, er ikke et liv levet i galskab eller desillusion. Det refererer ikke til en frigørelse fra den samstemmende virkelighed. Du vil stadig opfatte samstemmende virkelighed. Det, som vil være ændret er *betydningen* af det, du tillægger det. At ændre betydningen, som du tillægger det, er totalt at ændre ethvert aspekt af din virkelighed, som du ønsker at ændre. Vid, at virkelighed ikke kommer med forudbestemt mening. Ingen mening er nogensinde underforstået, selvom det samstemmende indtryk med tiden kan være så stærkt, at det føles på den måde. Vid, at du ikke udleder mening fra virkelighed, men at du bestemmer den. Besid og anvend denne indre kraft.

"Jeg vælger at se på virkelighed gennem klarhed,
og ikke personlig dagsorden."

Messias, at vågne op til den sande virkelighed vil sige at få *viden* om, at du *véd*, hvad så end det er, du ønsker at vide. *Vid at du véd. Føl* at du véd. Endskønt du ikke i øjeblikket kan rumme almagt i din fysiske manifesterede form, så *har* du adgang til almagt. Du kan have viden om alt, hvad du tillader dig Selv at vide, så længe det ikke gør skade på andres frie vilje. Indse *intentionens kraft* igennem dette. Hvis din intention for hvad du ønsker at vide er et forsøg på at skade andre, (hvilket ikke er at stå i din egen kraft), så kan du ikke få viden. For *at have viden*, må du stå i din egen kraft. For *at vide* noget, må du kende dig Selv. Når du får viden om ting om dig Selv, får du viden om verden. Når du får viden om verden, får du viden om dig Selv.

Ikke at forstå dig Selv vil sige ikke rigtig at forstå verden, for du er ikke i stand til at differentiere/adskille dig Selv fra den. Det, som du ikke har kendskab til om dig selv, overflytter du til din opfattelse af virkelighed, eller sagt på en anden måde; det som du ikke forstår om dig Selv, ser du virkeligheden gennem. Dette kalder I almindeligvis for projektion. Du ser virkelighed gennem det, som du fornægter hos dig Selv.

At forstå virkelighed er at forstå dig Selv. For at forstå dig Selv rigtigt, kan du ikke se på dig Selv ud fra en dagsorden af det, du ønsker at se. Indse, at du *kan* være alting, men for at blive alting må du først have en viden om, hvad du er i øjeblikket. For at ændre et aspekt af dig Selv, må du først kende det. At kende noget er at være det. Du må være, det du *er* for at blive noget andet. Portalen til uendelige valg er *at være*, den du er. At være den du er, er at tillade potentialet af at være alting. Gennem Selv-bevidsthed virkeliggøres særegenheder til at være deres egen ubegrænsethed. Gennem Selv-bevidsthed og Selv-accept af hvad du i øjeblikket opfatter som begrænset, frigiver du denne begrænsning tilbage til ubegrænsethed, hvorfra den blev født.

"Jeg vælger at kende mig Selv, som værende Den Der Vælger."

Messias, kend dig Selv som *Den Der Vælger*. Det du *er*, er *Den Der Vælger*. Du er handlingens valg. Du *er* valget. Du er et produkt af alle de valg, som du nogensinde har truffet, og dog er du ikke *nogens* valg. Du kan vælge at ophæve alle de valg du har truffet, og til hver en tid kan du vælge på ny. Du har valget til at vælge. Med Enheden blev begrebet om differentiering/skelnen og det at vælge født som ét. Dette begreb var det første valgbare at vælge. Det valgte sig selv ved at være til. Det kan ikke rigtig siges, om det at vælge skabte differentieringen eller differentieringen skabte det at vælge, for de er ét og det samme. At vælge er en handling ud fra differentiering. Når du udtrykker en forkærlighed for noget, kommer du nærmere definitionen af, hvad du er. Du kommer til at definere dig Selv gennem dine valg. Din egen Selv-definition er et valg, som du træffer hvert øjeblik.

At vælge til og fra i sig selv skaber ikke begrænsning. Det er ved det at vælge, du vil være i begrænsning; du må være inde i det, som kan blive differentieret til et valg. For at gøre dette, må du være i en virkelighed, som indbefatter oplevelsen af dig Selv og andre. Derfor må du forlade Enheden, for at træffe valg. Når du har forladt Enheden, har du lyst til at genskabe glæde og harmoni i Enheden, mens du bevarer valg. Du søger efter at skabe Himlen på Jorden. Du søger *ubegrænsethed* gennem valg. Enheden er ubegrænsethed uden noget valg, med undtagelse af retten til at forlade Enheden i den hensigt at opleve valg. Du søger Enheds Forskellighed. Du søger efter ikke at være alene; at opleve Enheden, medens du skaber din egen unikke *væren* gennem valg.

Vid, ved hjælp af dine valg har du kraften til både enhed og splittelse. Nøglen til Himlen på Jorden er at skabe Enhed ved at ære alle forskelligheder. Accepter forskellighed. Accepter dig Selv. Vid, at for at acceptere dig Selv må du acceptere andre, og for at acceptere forskellighed i andre, må du acceptere forskelligheden i dig Selv. Du *er* en Forenet Forskellighed. For at erkende din virkelighed som en Forenet Forskellighed, må du kunne realisere dig Selv som Forenet Forskellighed. Du er mange udtrykt i én. Tillad paradokset af oplevelsen af de mange, på en sådan måde, at de kan opleves som værende forenet, mens de samtidig er adskilte.

"Jeg vælger at opleve ethvert aspekt af min virkelighed,
som værende noget jeg har valgt."

Messias, for at ændre din virkelighed, må du blive bevidst om det *niveau,* hvorfra du vælger, af den bestanddel i din virkelighed, som du ønsker at ændre. Du må blive bevidst om de *oprindelige* valg, som du traf. Find ud af, hvorfor du til at begynde med valgte, hvad du nu ikke ønsker at gøre for at ændre det. Vid, at du har skjult mange af valgene, som du har truffet for dig Selv.

Du kan bedst nærme dig viden om årsagen til at du traf hvert enkelt valg ved at tage ansvar for dette valg. Gør dette ved at acceptere, at det var *dig,* som traf valget. Du kan ikke ændre et valg, som du ikke tager ansvar for, da handlingen, ikke at tage ansvar, placerer denne kraft fra dig ud i det ydre. Så længe du afviser at tro på, at du kunne have valgt en særlig del af din virkelighed, så adskiller du dig Selv fra den viden, *hvorfor* du valgte den. I denne tilstand lever du i et stadie af benægtelse, og har kun et lille håb om at ændre valget, med mindre du ændrer dets form til en anden, som du derefter stadig må forholde dig til.

Vid, at ved ikke at acceptere en del af din virkelighed, vil sige ikke at acceptere et af dine valg. Det vil sige, at du ikke accepterer en del af dig Selv. At benægte din virkelighed er at benægte dine valg; det er at benægte dig Selv. Indse, at du ikke behøver at føle glæde ved enhver del af din virkelighed, men du må acceptere, at det var *dig,* som skabte den. Gennem acceptens kraft kommer kraften til at ændre. Dette kunne beskrives som det ultimative "Catch 22" *(bog af Joseph Heller),* da det betyder, at du må acceptere, hvad du ikke ønsker for at ændre det til noget, du virkelig ønsker. Mangel på accept er en adskillelse af dig Selv fra din kraft til at vælge. Ikke at acceptere er at benægte dit valg af virkelighed. Al ikke-accept, er virkelighed, som reflekterer din benægtelse tilbage til dig.

Accepter forvandling. Forvandl dig Selv gennem accepten af dig Selv. Forvandl andre gennem din accept af dem. Forvandl din verden ved hjælp af din accept, og ær alt hvad den indeholder. Der er ingen ting, som ikke søger berettigelse gennem accept. Vid, at grundlaget for accept er kærlighed. Alle søger kærlighed.

"Jeg vælger at åbne mig Selv for at opleve mit væsen
på nye og spændende måder."

Messias, erkend måden, hvorpå du både *er* Gud, og *ikke er* Gud. Forestil dig Gud som et ideal. Du er ikke idealet, men du *er* et udtryk af det, der hvor idealet eksisterer *fuldstændigt*, men i en kodet form. Når du udforsker og udvikler dit Selvs udtryk, så afkoder du idealet til, alt det du fortolker dig Selv at være.

Forestil dig Gud, idealet, som værende en åben rose. Du er denne roses frø. Du indeholder den fuldstændige bevidsthed til at forvandle dig Selv til Rosen. Der er et utal af måder, hvorpå du kan gøre dette; måder som du, i dette øjeblik, skaber med din *frie* vilje. Når du opdager nye og spændende måder at blive rosen på, således forstærker du rosen; du forstærker *Alt Der Er.*

På denne måde, indse, at du er Gud i en tilstand, som udtrykker og opdager Guds ubegrænsethed. At være i en *tilstand* af Gud, betyder ikke at være, *alt* hvad Gud er, og dog er der ikke nogen *tilstand* af Gud, som du ikke har frihed til at udforske. Der er ingen del af Gud, som du ikke kan være. Dit valg er ubegrænset.

Det er sådan, du samtidig både er begrænset og ubegrænset. Det er sådan, du både er Gud og ikke Gud. Dette er sådan, du *er.* Dette er, hvad der tillader dig *at være.* Dette er grunden til, at du ikke skal søge efter at være Alt; du må søge efter at være *dig Selv.* Alting eksisterer allerede som Altet. Du, imidlertid, er det eneste væsen som eksisterer som *dig.* Du er et helt enestående og guddommeligt udtryk af idealet. Du er en Gud i fødsel.. Nedbryd ikke dig Selv, for at blive det som allerede eksisterer. Vær dristig, vær noget *nyt.*

"Jeg vælger at være den <u>bevidste</u> 'skaber af valg' fra mit væsen."

Messias, vid at du og alle andre væsener er en udviklende oplevelse. Du er oplevelsen af dig Selv, og du søger at forstærke og variere denne oplevelse. Du deler uafbrudt dine oplevelser; deler hvad du er. Virkeligheden, du oplever, flyder fra alt, hvad du tror på. Du skaber dine oplevelser gennem dine overbevisninger. Du eksisterer i oplevelsen af dine overbevisninger.

Vid, at hvordan det end ser ud, så vælger du faktisk dine egne overbevisninger. Ansvaret for dine overbevisninger er dit eget. Hvert øjeblik vælger du dem, og hvert øjeblik kan du ændre dem. Overgiv ikke kraften fra dine overbevisningers valg til nogen anden. At gøre dette er at give dem kraften til at vælge dine overbevisninger for dig; d.v.s. indtil du vælger at tage denne kraft tilbage. Vid, at selv om du vælger at give din kraft fra dig, ligger valget til at tage din kraft tilbage – hos dig

Hvis du ikke er villig til at træffe valg i dit liv, så er der andre, som vil træffe dine valg for dig. Indse, at dette sker som en konsekvens, idet du ignorerer din kraft til at vælge. Jeres verden har et massetrossystem. Så i stedet for at eje din individualitet træffer du dine oplevelsesvalg fra flertallet. Dette indtræffer lidt efter lidt; ved overbevisningerne fra mennesker tæt på dig, og de ideologiske grupper du tilhører, der påvirker dig mere, end mennesker med hvem du har en mindre direkte forbindelse. Indse, at denne proces overvejende sker under manifestationsniveau, forstået på den måde, at overbevisningerne af dem omkring dig, påvirker dine valg, uden at denne påvirkning er mærkbar på det fysiske plan.

Vid, at endskønt du har fri vilje, er det op til *dig* at bruge den. Bliv opmærksom på valgene i dit liv. Hæv dig Selv op til den position, hvor du *véd,* du er den som må træffe disse valg, og derefter, træf disse valg bevidst og med viljestyrke. Du er dit eget Selvs valg. Bliv opmærksom på det, og tag ansvar for det. Vælg ud fra *dig* Selv, og ikke ud fra flertallet. Når du når frem til at vælge med kærlighed, så vil du lægge denne kærlighed ind i massebevidsthedens trossystem, som så påvirker alle "ikke-vælgere" med mangel. At vælge kærlighed til dig Selv er at give kærlighed til hele verden.

"Jeg vælger at kende mig Selv som et
perfekt udtryk af ubegrænsethed."

Messias, husk at formålet med denne virkelighed er at *skabe* og *være*. Hvis du føler, at der *må* være en retning, så kald det "at nå til ubegrænsethed", hvilket vil sige, "nå til ikke at vælge begrænsning". Til en vis grad kan dette ses som værende et begreb, som blev oversat til konceptet af godt og ondt. Dette koncept er imidlertid blevet noget mere begrænset end den oprindelige begrænsning, som det var designet til at beskytte mennesker fra. Det er et kontrolredskab, som henter kraft gennem frygt.

Begrænsning er imod sjælens natur, og fører til lidelse. Derfor vil denne søgning efter ubegrænsede udtryk være at søge efter glæde. Begrænsning kan skabe lidelse, da det er en fordrejet illusion, som på nogle måder får dig til *at opleve dig Selv* som værende mindre, end du er. Begrænsning arbejder som en opfattelse, der adskiller dig fra den ubegrænsede glæde over dit væsen.

Du ankom til virkeligheden for at virkeliggøre og udtrykke, *Alt Det Du Er*. Belønningen er den uudslettelige glæde, som er skrevet på din sjæl. Det er oplevelsen af ubegrænset frihed, og den opleves på en unik og kraftfuld måde, når du fra det indre erkender en virkelighed, som bliver defineret ved begrænsning. Dette er cirkulært, uden begyndelse, og slutning. Så sandt som det er sagt, at Gud skabte din virkelighed, så er det ligeledes sandt at sige, at din virkelighed skabte sig selv. Selv i begrænsning er du et perfekt udtryk af ubegrænsethed. Selv i ubegrænsethed er der ekspansion. Bestemmelsen af dette paradoks er bestemmelsen af alle paradokser; det er at indse, at *du er Gud*, og at *Alle er Gud*.

Det cirkulære af paradokset peger mod enheds-roden og harmonien, som eksisterer inde i *Alt Der Er*. Når du kommer til erkendelse af det ubegrænsede i begrænsningen, så vil denne cirkel blive til en spiral, og en ny dimensions tilværelse bliver frigivet til virkeliggørelse. Din virkelighed vil synes at fortsætte, som den er, og dog vil alting være ændret. Denne ascension, som du søger, er ikke en defineret hændelse, det er allerede sket. Alting ændrer sig, og dog på en eller anden måde synes det at forblive det samme. Dette er *opvågning*, at *vågne op*.

"Jeg vælger at opleve mine valg som værende perfekte for alt."

Messias, vid at den masse-delte drøm kun kan blive virkeliggjort af din egen virkelighed, og være levende i *din* sjæls drøm. Dette er sagen, uanset hvad din sjæls drøm er, selv hvis det på overfladen viser sig at din drøm er til fordel for flertallet. *Indse,* at din drøm passer perfekt ind i massebevidsthedens drøm. Når du begynder at leve din drøm, så vil du begynde at se dens dele i den overordnede harmoni og bevægelse af Alt. Du er i harmoni med Alt, hvad enten du kan se det eller ej.

Vid, at selv de, som ser ud til at være udelukkende til tjeneste for sig selv, er til tjeneste for Alt. Forskellen ved tjeneste overfor dig Selv og tjeneste overfor andre er en illusion. Al tjeneste er tjeneste for Alt. Al handling er en handling for Alt. Al kærlighed er kærlighed for Alt. Al had er had til Alt.. *Al alting er for Alt.*

At se dette er at se, at du er fri og i en tilstand af ubegrænsethed. At se dette er at være uden begrænsning At se dette er at være fri for frygt. Det er at vide, at al handling er den rette handling. Slip disse "hvad hvis", for de er hypotetiske projektioner og ikke virkelighed. *Se på dit nu.* Se på valgene på din tallerken i dette øjeblik og vid, at du kan træffe hvilken som helst beslutning, du ønsker. Indse, at uanset hvad du beslutter, vil dette være perfekt for *Alt,* og ikke *kun* for dig. Favn denne frihed og vid, at selv hvis du på et tidspunkt endnu ikke er parat til at handle, så er dette også den rette handling.

Indse, at lige som de dybeste ønsker stammer fra ønsket om ubegrænsethed, så er roden til al frygt frygten for frihed. I ubegrænsethed er der ingen plan og ingen Gud, der regerer over dig; ingen nødvendighed for konsekvens og ingen retning, som er bedst at følge. Der er kun din vilje, og fra din vilje former du, alt det du oplever. Stol på dig Selv, ved at give dig Selv kærlighed, og vid at alle vil blive elsket med denne kærlighed; alle vil være friere, som et resultat af *din* frihed.

"Jeg vælger at erkende mig Selv, som værende forfatteren til mit eget livs manuskript, og indeholde kraften til at ændre det til, hvad så end jeg ønsker."

Messias, opdag den uendelige frihed som ligger i virkeliggørelsen af, at der ikke er noget valg, som du er *bestemt* til at træffe på en særlig måde. *Der er intet, der er bestemt.* Der er intet i dit liv, som du er *bestemt* til at gøre. Der er ingenting i livet, som du er *forudbestemt* til at gøre. Der vil måske endog have været ting, du planlagde at ville gøre i det tidløse før fødslen, men udled ikke herfra den konklusion, at du er bestemt til at gøre dem. De er ganske enkelt ideer, som du følte ville være tilfredsstillende at opdage. Du kan opdage dem i denne livstid, i en anden livstid, eller aldrig.

Hvis du har lyst til at tænke i vendinger, i form af en eller anden Mesterplan, som du bliver nødt til at følge, så indse, at hvert øjeblik bliver denne plan tilpasset, og at *du* er den, som tilpasser den. For det meste, er det at tænke på en "Mesterplan", at have en idé om, at der er en ydre kraft, som har skrevet et skuespil, som du spiller med i. Det er at ønske at skille Selvet fra følelsen af det umiddelbare nære, vibrerende, og det uforudsigelig i livet. Det er ikke at ønske at træffe dine egne valg, men at have et liv, som er forudbestemt for dig.

Vid, at med virkeliggørelsen af, at intet er *bestemt* til at ske, er der intet tab ved formål eller drivkraft. Se, at enhver plan, du føler i det indre af dig Selv, *er* din egen plan, og som forfatteren kan du ændre den, når som helst du har lyst til det. Underskriften på den indre plan af dit liv er Guds, og når *du* genskriver den, så vil *du* atter underskrive den.

I dette liv er du her for at være, hvad *du* ønsker at være. Hvis du tænker på Gud som noget ydre så indse, at den eneste plan, som Gud har for dig er at erkende, føle og *være*, hvad så end det er, du ønsker at være. Det er din udforskning af, *Alt Det Du Er.* Det er at komme til virkeliggørelse af, at du er Gud. Sandhed er intet mere eller mindre, end at være sand mod dig Selv. Guds Vilje med dig er, at du har din egen vilje, og at du bruger den.

"Jeg vælger at slippe kraften af min forestillingsevne løs til oplevelsen af mig Selv."

Messias, husk, at hvert øjeblik er du i en definitionstilstand. Du er *ideen om dig Selv*, og du har fuldstændig kontrol over denne idé. Det er kun gennem Selv-pålagte restriktioner, af hvad du tillader dig Selv at tro, at du begrænser, hvad du kan være. På den måde kan det siges, at du definerer dig Selv gennem begrænsning, for det er, hvad din virkelighed er. Det er midlet, hvorved dette kan indtræffe. Det er et middel, som tillader et uendeligt væsen at opleve sig selv i en begrænset form, og det vil sige, det er et middel, som tillader et ubegrænset væsen at opleve sig selv i begrænsning – ved adskillelse.

Du er ikke *blevet Alt Det Du Er*, eftersom du allerede er, *Alt Det Du Er*. Du husker ganske enkelt, hvad dette er. Du er på en rejse fra begrænsning til ubegrænsethed, og mens du befinder dig på denne rejse, opdager du *nye måder,* hvorpå du er ubegrænset. Gud kan ses på, som værende det udviklende koncept af ubegrænsethed. Gud *er* ubegrænset, og er på den uendelige Vej i opdagelse efter alle de måder, hvor der er begrænsning. Dette er paradokset af, hvordan noget kan være perfekt og dog i udvikling. Tillad paradoks.

Du er et Selv-bevidst, Selv-definerende trossystem, som både "er" sig selv, og "observerer" sig selv. Du er oplevelsen af det Selv-bestemmende trossystem, som observerer dig. Dit trossystem er et udviklende udtryk af, hvordan du er, og ikke er, begrænset. De eneste begrænsninger er, hvad du vil og ikke vil *tillade* dig Selv at tro. Dine eneste begrænsninger er din forestillingsevne (som er ubegrænset), og din *tro på dig Selv* til at manifestere, hvad som helst du kan forestille dig.

Udvisk din forudfattede mening om, hvordan dit liv skal være, og forestil dig det på ny. Hvad enten du indser det eller ej, lever du i din forestilling. Du er det, du forestiller dig Selv at være.

Messias, forestil dig.

"Jeg vælger at åbne mig Selv fuldt ud for at opleve,
alt hvad jeg føler."

Messias, indse, at vide er at føle, og at føle er at vide. Adskillelsen af disse to ord repræsenterer din ideologiske adskillelse af det logiske i dit sind og følelserne i dit hjerte. Kend stedet af væren, hvor disse er det samme. Indse, i dit væsen enheden af dit hjerte og sind. Forén din opfattelse af virkelighed. Vid, at alle dine sanser, både dem som er biologisk synlige, og dem som for øjeblikket er biologisk skjulte, kan blive forenet til én sans. At øve dig i din komplette forenede sans vil sige at være indfølende. Det er at opleve alt, hvad du opfatter som *dets selv*; det er at opleve *væren* af, hvad som helst du fokuserer din opfattelse på.

Føl hvad du véd.. Lev ikke i et sind med regler og logik. Logik er tanker uden følelse, og kan kun genfortolke, hvad du allerede ved. Logik er et vidunderligt redskab, men for at bruge det så forstå, at uden inspiration er det et redskab uden brændstof. Sindet integreret med følelse er visdom. Visdom er at føle viden og at have viden om følelse.

Vid, hvad du føler. Lad dine følelser flyde gennem dig uden hindring eller Selv-fordømmelse. Du kan stille spørgsmål *omkring* dine følelser, for de vil undervise og vejlede dig, men stil ikke spørgsmål omkring gyldighed, værdi eller "rigtighed" af dine følelser. At gøre således er et forsøg på ikke at *føle* dem. Når som helst, du prøver at *tænke* dine følelser, i stedet for at *føle* dem, overfører du kun et glimt af overfladen af deres dybde. Tillad dig Selv at opleve åbent, hvad du føler, og derefter vil du *vide,* hvad du føler.

Når du véd, hvad du føler, er der ingen spørgsmål, og hvilken som helst virkelighed dine følelser styrer dig imod vil manifesteres. Når du véd, hvad du føler, så vil dine følelser aldrig lede dig på afveje. Når du ikke er åben overfor dig Selv omkring, hvordan du føler, så vil din *fortolkning* af dine følelser lede dig til en virkelighed, hvor du vil indse, hvad det er du benægter. Hvis du føler frit, forstået som uden begrænsninger, så vil du træde ud af buret, du end ikke havde indset, du var kommet til at spærre dig Selv inde i.

"Jeg vælger at kigge på virkeligheden: at jeg kan være <u>alting</u>."

Messias, indse, at *vide* er at *føle*, er at *være*. For i sandhed vide noget er at føle dets væsen; det er at være klar over, hvad det vil sige at *være* det: det er virkeliggørelsen af at *have viden om væren*.. Når du når frem til at forene din opfattelse og blive indfølende, så vil du gå ind i ubegrænsethed, da det at *være* indfølende er at have muligheden for at *være* alting. Indse, at være indfølende er at opøve din kraft af virkelighedsskabelse. Det vil sige, i det øjeblik *at skabe* virkeligheden af en anden inde i dit eget væsen. For virkelig at være indfølende med nogen er at vide, hvad det vil sige at *være* dem, og det er at *være*, hvad de *er* i det øjeblik. Det vil sige at rejse baglæns til Enheden gennem det ugjorte af alle valg, og derefter vælge at være det du ønsker at være indfølende med.

Til at begynde med vil du opleve deres væsen inde i dit eget. Når du får tillid til dig Selv og din mulighed for ikke kun at transformere din virkelighed, men også udtrykket af dig Selv inde i det, så vil du være i stand til at opleve *alting inde fra dets eget væsen*. I det øjeblik vil du direkte opleve paradokset af at være dig Selv og dog være i stand til at være alle ting. Du vil indse, at der ikke er nogen ting som du ikke kan være. Der er ingen oplevelse af *væren*, som du bliver nægtet. Du er fri til at *være* alting.

At indse, at du kan være *alting* er at begynde at indse, hvad du er. Når du kan blive alting, indser du, at der ikke er en eneste ting, som er dig. Det er at vide, at du er *ingen* ting, men har dog potentiale til at være *enhver* ting. Det er at kende dig Selv, som værende *den, der vælger* ud fra et sted af uendelige valg. Bagved det at leve oplevelsen af dine valg er du *den der vælger* disse valg. Rejs ind i kerneessensen af dit væsen, og tillad dig Selv bevidst at opleve valget fra dette udgangspunkt; tilstanden af eksistens ud fra hvilket du vælger. Gå dertil. Vær der. Føl denne tilstand af væren som levende inde i dig. Føl denne tilstand som værende dig. Du er, *Den Der Vælger*. Vælg, fordi du véd, at du har uendelige valg. *Vær* det levende udtryk for uendelige valg.

"Jeg vælger at føle enhver smerte, som jeg bærer på,
således at jeg kan frigive den kærlighed,
som smerten nægter mig."

Messias, indse, at smerte ikke på nogen måde er *en naturlig del* af dit væsen. Der er ingen smerte, du er forudbestemt til at leve med, med mindre du vælger dette. Kend perspektivet ud fra hvilket al smerte er uudtrykt kærlighed; benægtelsen af kærlighed til dig Selv. Indse, at elske med betingelser vil sige at indeholde uudtrykt kærlighed, for universets kærlighed er uden begrænsning. Du er universal kærlighed.

Al eksisterende smerte *vil* blive udtrykt, og at forsøge at fornægte smerten inde i dig Selv er at tvinge det til manifestation ad forskellige veje, såsom din krop. For at frigive smerte må du *føle* den. At føle smerte er at gå ind til dens kerne, hvor du altid vil finde fornægtet kærlighed. Det er kun gennem din begrænsning af kærlighed, at du kan blive såret. At kende universets kærlighed er ikke at kende til smerte. At kende til smerte, vil sige ikke at kende et aspekt af den universale kærlighed, som du er. Indse, at du er kærlighed ved ikke at kende til nogen smerte. At vide du er kærlighed, kend din smerte. Smerte er din undertrykkelse af den kærlighed, du er.

Kærlighed er ubegrænsethed. Kærlighed eksister i ubegrænsethed. Smerter er kærlighed, som er fordrejet til et begrænset udtryk. Når du ophører med at have smerte, véd du, at du er ubegrænset. Du er kærlighed, og kærlighed har ingen begrænsninger. Kærlighed med begrænsninger er betinget kærlighed. Betinget kærlighed vil manitestere elementer af smerte som en repræsentation af dets begrænsninger. At føle universal kærlighed er at føle kærlighed på en ubegrænset måde; det er at opleve kærlighed til alle ting, uden skelnen. At føle universal kærlighed til et andet menneske er at elske dem uden skelen til deres væsen. Det er at elske og acceptere dem i deres helhed. Deres helhed er potentialet for at være alt, lige som dette potentiale er dit. At elske en anden totalt er at elske dig Selv totalt; det er at elske Alting totalt. Elsk en anden ved at tillade denne at være hvad så end denne vælger at være. At elske flere er at fjerne begrænsninger fra din kærlighed. For at afslutte smerte, elsk mere, ikke mindre. Det er ikke kærlighed, som har såret dig, det er *urealiseret* kærlighed.

Slip tanken om hvordan du "ønsker" kærlighed skal være; hvad du *tror* kærlighed skal være. Indse, at disse forudfattede meninger om kærlighed ofte stammer fra at prøve på at beskytte og eje dine besiddelser. Frigiv disse forudfattede meninger om hvad kærlighed er, og du vil finde kærlighed i alle ting. Vær villig til at se kærlighed i alle ting, og alt, hvad du vil se, er kærlighed. Se med universets kærlighedsøjne, og du vil frigive smerten, som du bær på. At elske, er at forvandle din smerte til kærlighed.

"Jeg vælger at opleve mig Selv som ren kærlighed."

Messias, vid, at kærlighed er Svaret. Hvis kærlighed ikke viser sig at være svaret, så indse, at du misforstår kærlighed. Ligesom du ikke kan udtrykke ubegrænsethed i ord, således kan du heller ikke udtrykke kærlighed i ord. Ofte bliver du stillet overfor erkendelsen af, hvad der *ikke er kærlighed,* og denne erkendelse kan til sidst lede dig til opdagelsen af, hvilken frygt der stadig eksisterer i dit væsen. Indse, at alt som ikke er kærlighed er frygt, og at se frygten i øjnene er at forvandle den til kærlighed. Vid derfor, at alt er kærlighed. Frygt er nægtet frihed. Kærlighed er frihed.

Indse, at for at opfatte alt som kærlighed er at opfatte det fra en tilstand af ubegrænsethed. At opfatte fra ubegrænsethed er at opfatte fra et stadie af uendelig kærlighed, for ubegrænsethed er kærlighed. At indse at det som du er er kærlighed, er at komme til erkendelsen af kærlighed til alle ting. At komme til erkendelsen af dig Selv som kærlighed er at nå til opfattelsen af, at Alt er kærlighed, for du er dette Alt, og Alt er kærlighed.

Indse, at du altid vil se med de øjne, igennem hvilke du vælger at se. Du vil altid opleve det du kigger efter, da det du kigger efter er, hvad du tror. Se med kærlighedens øjne og du vil se kærlighed. Når du får øje på kærligheden inde i dig Selv, så vil du kunne se kærligheden, som omgiver dig. At se med kærlighed, er at forvandle dig Selv og din virkelighed til, *Alt Det Du Er.* For at kunne se kærlighed, må du tro på kærlighed. Tro på kærlighed.

Indse at kærlighed er et valg. Du behøver ikke at vælge det. Du behøver ikke at vælge ubegrænsethed. Kærlighed kan ikke bevise sig selv overfor dig. Kærlighed er der ikke for at bryde igennem til dig. Kærlighed er der ikke for at redde dig. Kærlighed kan ikke redde dig, eftersom der ikke er noget at blive reddet fra. Hvis du ikke kan forstå dette, så vid, at du kan redde dig Selv fra enhver ting, du opfatter som en nødvendighed at blive reddet fra simpelthen gennem *at være* kærlighed. Kærlighed er svaret på alting. Alle ting. At indse dette er at komme til forståelse af, hvad kærlighed virkelig er. At vide hvad kærlighed virkelig er er at være ubegrænset. At kende kærlighed er at kende dig Selv som Gud. Du er Guds kærlighed. Gud er kærlighed. Du er kærlighed. At kende kærlighed, kend dig Selv. At kende dig Selv, elsk dig Selv. Kærlighed er svaret.

"Jeg vælger at kende mig Selv som skaberen af min virkelighed."

Messias, indse, at når det kommer til virkelighed er det *dig,* som definerer den; *den* definerer ikke *dig.* For mange af jer vil forståelsen af denne udtalelse, mere end nogen som helst anden ting, sætte jer fri, ind til en uendelig udvidende ubegrænsethed. Virkeligt at kunne forstå dette er at vide, at *du* er skaberen af *dit* Univers. Det er at (er)kende dig Selv som Gud. *Du er Gud.*

"Jeg vælger at favne det ukendte, inklusiv alle de nye måder af væren, som det indeholder. "

Messias, indse, at det tilsyneladende sammenhæng og enhedssyn på virkelighed, på den ene side, er *manifesteringen* af Enhedens harmoni, hvorfra I alle blev født, *og* på den anden side, *en illusion*. Vid, at I har givet jeres sind kraften til at udfylde ethvert hul i jeres oplevelse for at dække over enhver modstrid, eller afvigelse som sindet måtte opfatte. Formålet med jeres sind er at finde mening med jeres oplevelser og tildele dem betydning. Enhver information som det ikke kan klare, har en tendens til at blive sprunget over, med "kan-ikke-klares", forstået på den måde, at sindet ikke er i stand til at tillægge denne information en acceptabel betydning.

Der er mange andre lag af virkelighed. Og når du får udviklet dit trossystem til at omfatte, mere end der i øjeblikket åbenbares gennem de fysiske sanser, så vil du begynde at se disse lag. Vid, at de ikke er skjulte for dig, men gennem dine valg af overbevisninger er det *dig* der skjuler dig for *dem*. Dette bliver ofte manifesteret gennem enten en frygt for at være skør, eller blive betragtet af andre som værende skør. For at få tilgang til disse lag behøver du ikke nogen speciel viden. Du har end ikke behov for at vide, hvad du skal forvente. Alt hvad du har brug for er et åbent sind. Et åbent sind er ét, som er nysgerrigt, og søger efter hvad der er ukendt i stedet for at frygte det. Et åbent sind *tilskriver rum* en fuldstændig ny forståelse i stedet for at prøve på at få alle oplevelser til at passe ind i, hvad der allerede er kendt. Et åbent sind *vil* udvide og ændre sig selv, snarere end at tillade sig selv at svinde hen gennem dets behov for fastholdelse.

Kommuniker med *Alt Det Du Er*. Vær nysgerrig. Vær åben overfor forandring. Vær åben overfor nye ting. *Vær åben*. Du kan forsøge at kæmpe med et lukket system, lige så meget du ønsker, men vid i din essens, at du *er* et åbent system. Alle ting flyder gennem dig, hvad enten du erkender dem eller ej. At være åben er at træffe valg. At træffe valg er at vælge forandring. At være åben overfor forandring er at være åben overfor udfoldelsen af, *Alt Det Du Er*. For selv når du udtrykker, *Alt Det Du Er* i virkeligheden, vil du altid forandres, for Alt Det Du Er er et udtryk for forandring. Det vil sige, at du er en udviklende rejse og ikke en destination. At være åben overfor forandring er at være åben overfor din fremtid.

"Jeg vælger at udfordre verden med kærligheden i mit hjerte."

Messias, tro ikke på alting som denne virkelighed synes at fortælle dig. Selvom det er sandt, at virkelighed er en refleksion af dig Selv, må du ligeledes forstå, at virkelighed også er en refleksion af massebevidstheden om begrænsning. Gennem jeres socialisering har I påtaget jer Selv meget, som ikke repræsenterer jer. Så når virkeligheden synes at sige, at det som du ønsker, ikke er muligt, så tro ikke på det. Tag udfordringen op for at modbevise virkeligheden. Føl med dit hjerte, hvad der er muligt, og handl ud fra denne følelse. At lære at handle fra dit hjerte, overfor hvad dine andre sanser fortæller dig, er at lære at *opfatte* med din mest kraftfulde sans.

Der er ikke nogen større hindring end troen på, at noget ikke er muligt; troen på at "dette vil aldrig kunne ske". Tvivl ikke på, at *alting* er muligt. Hvis du ønsker at gøre noget, som verden generelt ikke er parat til, så kan du stadig gøre det med dem, som er parate til det.

Erkend, at der er *ingen grænser* og forstå gennem dette, at selv koncepter, såsom tyngdekraft, stadigvæk er født ud fra en tro på *det*. Lysets hastighed var konstant, indtil en eller anden fandt ud af, at den ændrer sig. På måder, som synes umulige inden for illusionen, var Jorden flad, indtil nogen fandt ud af, at den var rund. At indse, hvordan dette kan være sandt er at slippe ideen om en objektiv virkelighed, og forstå at virkeligheden altid blot er idéen om dets selv.

Hvis dit hjerte afslører en anden besked, end det din fysiske virkelighed synes at præsentere dig for, så vær ikke bange for at udfordre din virkelighed og manifestere, hvad der er i dit hjerte. At udfordre virkeligheden er at udfordre dig Selv. Det er at bryde historiske mønstre, som ikke længere tjener dig. Udfordr virkeligheden med kærligheden i dit hjerte.

"Jeg vælger at opleve mig Selv som værende fuldendt,
og som sådan elsker jeg uden behov."

Messias; frygt ikke kærlighed. Indse, at frygte smerten du oplever, når du mister noget, du elsker og er knyttet til, er at frygte tilknytning og ikke kærlighed. Lær at skelne mellem følelsen af kærlighed og følelsen af tilknytning. Læg mærke til at du ofte blander disse følelser sammen. Universel, betingelsesløs kærlighed kan ikke udtrykkes gennem tilknytning. At elske en anden med betingelser er i sidste instans at dræne den anden, for det er at påtvinge denne person dine vurderinger.

Indse, at tilknytning er en form for at give din kraft væk. At være knyttet til noget, er at tro på, at du vil blive *mindre, end du er* uden det. Vid, at hverken tilstedeværelsen, eller fraværet af *noget* kan gøre dig mere eller mindre, end *Alt Det Du Er*. Hvis en person får dig til at føle dig tættere på, *Alt Det Du Er*, så indeholder denne nogle aspekter af dig Selv, som du ikke for øjeblikket ser, som værende af dig Selv. Elsk dem ubetinget, og du vil komme til at se dette aspekt i dig Selv. Hvis du prøver på at besidde dem, vil du komme til at spærre det aspekt inde, som de repræsenterer, uden for dig Selv. Gør du dette, vil du træde ind i en endeløs jagt for at fuldende dig Selv, en følelse af at du er ufuldkommen. Vid, at du er fuldkommen i dig Selv.

Hvad så end det er, du ønsker i livet eller har lyst til, så vil svaret være at elske det uden begrænsning. Vid, at enhver Selv-skabt begrænsning af din kærlighed *vil* blive udtrykt som en barriere mellem dig, og det du elsker. Indse, at dette er for at hjælpe dig til at fjerne disse barrierer, således at du kan opleve kærligheden, som du er i ubegrænsethed og ikke begrænset. At være i en tilstand af tilknytning er at leve i et fordrejet syn på dig Selv.

Vid, at du aldrig fuldt ud kan "røre" noget, du er tilknyttet, for du vil altid opleve det gennem filteret og barrieren fra dit behov; din følelse af ufuldkommenhed. For virkelig at "røre" noget er at elske det uden begrænsning. At elske uden begrænsning – vid at du er fuldkommen i dig Selv. At elske uden begrænsning er at elske uden behov. At elske nogen uden at have behov for, at de skal være på en bestemt måde, er at give dem kraft til at være, *Alt Det De Er*. Universal kærlighed er universal kraft.

"Jeg vælger at overlade mine indre sanser
i total tillid til deres vejledning."

Messias, indse, at meget af det du føler, som værende impuls, vilje og intuition, faktisk er dig, der tapper ind på følelsen af dit fremtidige Selv. Indse, at når du begynder at se igennem illusionen af lineær tid, så vil du komme til at opleve mere af, hvad du *har været*, og mere af hvad du *vil være*, alt i samme øjeblik. Dette vil sige, at du vil komme til at opleve mere af, *Alt Det Du Er* i det bevidste *nu*.

Indse, at meget af hvad der intuitivt vil komme til at ske, faktisk er *et kig ind i fremtiden*, gennem at slække på troen af *lineær* tid over til *flydende* tid. Når du kommer til at se, hvordan du skaber din virkelighed, således forbindes du til det, at være Gud gnisten inde i dig, *fra hvilken du skabte*, i stedet for oplevelsen af dig Selv, som *det du skabte*. Des nærmere du kommer til at være, *Alt Det Du Er*, jo mere vil du begynde at opleve dets stadie af tidløshed og ikke-definition. Dette vil dukke op ved åbningen af dine *indre sanser*, de sanser som for øjeblikket bliver betegnet som psykiske.

Indse, at lige så virkelige som disse kræfter er, er de genstand for jeres eget og massernes overbevisning. Dette indbefatter brugen af jeres indre sanser til at bevise overfor andre, at de indre sanser eksisterer. At fortælle nogen om dine indre oplevelser, uanset hvor eftertrykkelig og overtalende du er, giver dem altid den frie viljes valgmulighed til ikke at tro dig; at tro, at du er vildledt eller forvirret. Niveauet af beviser, tilgængeligt for ethvert fænomen, er proportionalt over for tildelingen fra massebevidsthedens trossystem. Når verden kommer til at tro på det, så vil mange flere beviser blive tilgængelige. Indse, at dette udelukkende henviser til ydre samstemmende beviser. Dine indre sanser kan fortælle *dig* alting med en viden *bagved* ydre bevis, med et vidensniveau, som er bestemt af den *validitet*, som *du tillægger* dine indre sanser. At lære at stole på dine indre sanser er at lære at stole på dig Selv.

Vid, at dine indre sanser vil vokse, når du bliver i stand til både at bruge dem og stole på dem. Udvid din væren gennem indre følelse, ikke ydre bevis, og du vil starte på din egen personlige magiske rejse; en rejse som vil føre dig til dit magiske Selv. Tilladelsen af magi, er tilladelsen af oplevelse, hvilket for nuværende er udover din forståelse, ind til din værens tilstand. Betragt dig Selv som værende magisk, og du vil kende til magi i din virkelighed.

"Jeg vælger at opleve spontan væren."

Messias, at erkende *Alt Det Du Er* er at vide, at du konstant møder dig Selv. Forvent ikke, at du véd alting om, hvem du er. Lær, at møde dig Selv. At møde den du er for øjeblikket er at gå ind til det næste øjeblik, og derefter vende dig og kigge på dig Selv. Vær ikke bange for at observere din værens tilstand. At lære at møde dig Selv er at blive i stand til at se dig Selv fra et punkt af klarhed, og ikke fra et punkt, hvor du ser det, du *ønsker* at se. Det er at kigge på dig Selv uden forudfattet mening.

Vid, at efter enhver forandring i dig Selv må du møde denne forandring. Forandringer bliver virkeliggjort gennem valg. Du vil vide, at du har ændret dig, når du ser, at du træffer et anderledes valg, end du gjorde tidligere. For at kende dig Selv, vid *når* du vælger, vid *hvad* du vælger, og vid *hvorfor* du vælger det. For at blive opmærksom på valg er at blive opmærksom på dig Selv gennem refleksion.

Vid, at Selv-refleksion på denne måde er et redskab og ikke en nødvendighed. Når du bliver, *Alt Det Du Er*, som vil sige, når du når til at acceptere, Alt Det Du Er, så vil du komme til at leve i spontanitet snarere end i Selv-refleksion. I oplevelsen af ubegrænsethed vil alle oplevelser dukke spontant op, da der ikke er nogen grænser af fortid eller fremtid; alting eksisterer i nuet. Din spontanitets fødsel vil være refleksionen af fødslen af din ubegrænsethed. Selv-refleksion er derfor et redskab, som vil hjælpe dig i opdagelsen af din egen ubegrænsethed, men i opdagelsens øjeblik bliver det forældet. Når du lever fuldstændig i *nuet*, findes der ingen fortids eller fremtids Selv, som du kan kigge på for at observere dig Selv.

Vid, at dette ganske enkelt betyder, at du først må komme til at forstå definitionen af dig Selv, før du kan give slip på denne definition. Selv-definition er et springbræt til ingen definition. Ubegrænsethed er samtidig et stadie af *ingen definition*, et stadie af *altid ændrende definition*, og et udtryk for ligheden mellem *al definition*. Det er dette *intet valg*, som er iboende i virkeliggørelsen af *alle valg*. Sæt pris på og anvend din vilje, din "villen". Brug det til at blive hvad så end du ønsker at være. Vid, at du må opdage og virkeliggøre definition for at kunne bevæge dig ind til det ikke-definerbare af ubegrænsethed.

"Jeg vælger at slippe behovet for kontrol."

Messias, vid, hvornår du skal slippe kontrollen og fjerne din hånd fra styrestangen i dit liv. Gør ikke dette fra ud fra et forsøg på at teste Gud, eller ud fra vrede til Universet. Vent ikke med at gøre dette til du har en følelse af irritation eller sidste udvej. I stedet, slip det med fuldstændig indre tillid og fortrolighed. At slippe kontrollen af dig Selv og overgive kontrollen til Universet er virkelig at have tillid til dig Selv, og dette er at vide, at du er skaberen af dit eget liv. Det er at vise, at du føler livets flow og véd, at det vil bringe dig, hvorhen du har behov for at være. Det er, at forstå niveauet, hvorfra virkelighed *kan* flyde og går langt dybere end dine bevidste tanker. Det er at tro på, at der ikke findes nogen ydre kræfter, som kan skade dig, fordi du ved, at du er tryg. Det er at frigive behovet for at skabe smerte i dit liv og for at indse, at du ikke behøver at klamre dig til styrestangen længere eller holde øje med hver eneste kurve på vejen af skjulte forhindringer.

Hvis det at slippe bringer frygt op, så brug det som en mulighed til at se frygten, for hvad den i virkeligheden er. Ved at gøre dette vil den forsvinde og forbinde dig endnu mere med din tillid til dig Selv, som både et inkarneret væsen og som en spirituel tilstedeværelse, der gennemtrænger alt liv. Indse, at virkelighed har en indbygget fejlsikret mekanisme til at løse enhver situation. Denne mekanisme er ganske enkelt, at *slippe kontrollen*. Og ordene "ganske enkelt" kun indebærer, at du slipper anstrengelsen. Men indse, at ved at slippe anstrengelsen vil til at begynde med være en af de mest anstrengende ting, du nogensinde har foretaget, da dit sind, til at begynde med, kan føles overladt til sig selv, og føles vanvittigt. Indse derfor, at behovet for at være i kontrol stammer fra en mangel på indre tillid.

Vid, at være den der træffer valgene i dit liv, ikke er ensbetydende med at du skal forsøge at kontrollere ethvert aspekt af din virkelighed. Det kan føles godt at være i kontrol; hav blot ikke *behovet* for at være i kontrol. At føle *behovet* for at kontrollere dit liv er at tro, at dit liv ellers ville være *ude af kontrol*. Erkend illusionens natur omkring kontrol. Træf valgene som kommer til dig, og giv derefter slip på dem. Lad dem manifestere deres egen løsning. Prøv ikke på at kontrollere resultaterne af dine valg. Deri ligger løsningen af paradokset omkring kontrol af dit liv; samtidig være uomstødelig og dog total illusioneret. Træf dine valg, og giv derefter slip på dem.

"Jeg vælger at opleve det fulde spektrum af mit væsen,
fra individuel definition til forenet bevidsthed."

Messias, vid, at du er det fødte koncept af Forenet Forskellighed. Du er "Vi'et i Jeg'et" og "Jeg'et i Vi'et". Du er blandingen af Forenet udtryk med individuel overbevisning. Du besejrer både frygten af Forenet Forskellighed (frygtet for at være i en tilstand af "bikube sind") og frygten for Individualitet (frygten for at stå *alene* i den værens tilstand).

Konflikten, skabt ved dette paradoks, bliver manifesteret på et massebevidstheds-niveau som krig. Frygt for en forenet bevidsthed med alle andre væsener bliver udtrykt som territorialitet, besiddertrang og ejerskab. Det er frygten for at dit *væsen* kan blive invaderet. Det er frygten for invasion. Frygt for kraften fra en anden person er frygten for din egen kraft. Enhver person kan kun udvise ydre kraft, når de har overbevist andre om at overgive deres kraft. Vid, at ingen person kan have magt over dig, med mindre du giver din tilladelse til det. Når du *véd*, at krig ikke kan røre dig, så kan den ikke. Ær andres ret til at engagere sig i krig; men giv dem ikke din kraft ved at prøve på at forhindre det. Accepter andres ret til at føre krig, for at komme til at leve i en virkelighed uden krig. Elsk fred. Men had eller frygt ikke krig.

Accepter, at du er *individuel*. Kend dette som din kraft. Da det betyder, at du er den ultimative autoritet i dit liv, for *du* er den, som træffer alle dine egne valg.

Accepter, at du er en del af *Forenet Bevidsthed*. Vid og føl, at du er forenet med, Alt hvad der findes i din virkelighed. Vid, at når du 'vågner' til Forenet Bevidsthed med dem, så skal du opleve dem, og *Alt Det De Er*, umiddelbart, lige som de umiddelbart vil komme til at opleve, *Alt Det Du Er*.

Vid, at der ikke vil være nogen hemmeligheder i tilstanden af Forenet Forskellighed. Accepter hele dig Selv for snart vil der ikke være nogen elementer af det, som du kan skjule; ikke fra andre og ikke fra dig Selv. Accepter dig Selv som accepteret. Føl accepten. Accepter dig Selv for at være *Alt Det Du Er*, og føl foreningen med *Alt Der Er*.

"Jeg vælger at tillade mig Selv at vide ting, uden at behøve at vide, hvordan jeg kom til viden om det."

Messias indse, at have viden ikke er et endeligt resultat. Det er ikke en tilstand af anskaffelse af viden. Viden er en *åbning af væren,* så den kan komme ind og *blive ændret* af det, hvad så end det er, du ønsker at vide. Indse, at hvis du ikke vil acceptere *den forandring,* der kommer med en "viden", så kan du ikke få viden om den. At *få viden om noget* er at *blive forandret.*

Igennem viden kan alting blive oplevet *direkte* uden behovet for fysisk manifestation. Indse, at dette ikke devaluerer fysiske oplevelser; de er fuldstændig velbegrundede udtryk for "at komme til viden". For eksempel, du har fysisk manifesteret denne bog ind i dit liv, derved giver du dig Selv en vej i overført betydning, som beskriver for dig, hvordan du er kommet til at vide, hvad du har opdaget gennem at læse den. Dit sind er derfor lykkelig ved at vide, *hvordan* det kom til denne viden. Dette er, hvorledes du bruger fysisk manifestation til at give dit sind en vej, hvor det er beskrevet, hvordan du gik fra ikke at vide til at vide. At bevæge sig ind i en oplevelse af mere *direkte* skabelse, begynd med at tillade dig Selv at vide ting *uden* den fysiske åbenbare vej. Ingen fysisk oplevelse er *påkrævet* for at kende svaret på dine spørgsmål. Tillad blot dig Selv at vide uden at vide, *hvordan* du véd.

Indse, at du *faktisk* véd, hvad du *har behov* for at vide. At have lyst til at vide mere end dette er at vælge at opleve *nægtelse af din grænseløshed.* At fokusere på at vide noget, som du ikke behøver at kende til, er en måde at distrahere dig Selv på; at forblive i et cirkulært loop i opdagelsen af dig Selv som værende begrænset. Fokuser på kun at vide, hvad du har *behov* for at vide, og du *vil* vide det. Fokuser på at vide noget andet, og du vil vælge at opleve dig Selv i begrænsning. Tillad ikke at vide, hvad du *ikke behøver* at vide, for fuldt ud at opleve viden, om alt det du *faktisk* behøver at vide.

At tillade dig Selv at "vide uden at vide, hvordan du kom til denne viden", er at erkende, at du har muligheden for at vide *alting* i *ethvert* øjeblik uden *noget* forbehold. Dette er virkeliggørelsen af en *tilstand af* almagt. Dine første oplevelser af almagt vil være at vide, hvad så end du behøver at vide, når som helst du har brug for at vide det. *Indse at dette er den eneste almagt, du nogensinde vil have behov for.*

"Jeg vælger at favne og opdage alle facetter af mit væsen."

Messias, indse at det som du udadtil ser som dit Selvs overbevisning, måske ikke vil være, det du virkelige tror. Det som du *bevidst* siger, du ønsker, vil måske ikke være det, som du virkelig ønsker. Den måde du *handler* på, vil måske fortælle andre historier, end det du *siger*. Vid, at ved at sige at noget er sandt, får det det ikke til at være sandt. Hvad dette betyder, er, at der er forskel på, hvad du er, og det du projicerer ud. Se denne ulighed. Døm ikke uligheden, som du finder, men se den *virkelig*, således at den kan blive et bevidst valg og ikke et Selv-bedrag.

I spiller alle mange forskellige roller, med forskellige ansigter for hver rolle. Vær ikke bange for at kigge på uligheden i dit liv, for det er ved at se og navngive uligheden, at du kan komme til at se, hvad der *er* dig, og hvad der *ikke er* dig. Ved at identificere dine forskellige masker vil du komme til bedre at se dig Selv. Kun ved at se dine masker kan du med klarhed se det forenede væsen, som ligger nedenunder dem.

Vid, at masker ikke er forkerte, for du er et fler-dimensionelt væsen med mange facetter. Indse forskellen mellem når du bærer en maske som en fordrejning af dig Selv, og når du bærer en maske for at forstærke og sætte fokus på et særligt aspekt af dig Selv. Lær at favne din facetterede natur. Fald ikke i den grøft at tro, at det at blive "oplyst" vil sige at være i en konstant, ultimativ tilstand af væren. En sådan tro, er en indskrænkning af udforskningen af *væren*. Lad dig Selv opleve livet på mange måder, ikke kun på én måde. Din facetterede natur er en del af dit væsens frihed. Føl friheden til at spille forskellige karakterer i oplevelsen af dit liv. At sige I er facetterede vil sige, at I hver især har muligheden for at være, hvad som helst I ønsker at være, og på enhver måde I ønsker at være det.

Kend Gud som en diamant med et utal af facetter. Ikke én facet er Gud og dog hver facet er den samme projektion af det forenede hele. Indse, at en facet er en egenskab i en diamant, og samtidig med, at den er noget i sig selv, kan den ikke være adskilt fra det Hele. Kend dig Selv som en udviklende facet af Gud.

"Jeg vælger at opleve tidens gang, som værende den uophørlige udfoldelse, af Alt Det Jeg Er."

Messias, vid, at det som du opfatter som lineær tid er manifestationen af din opvågning til dig Selv. At blive *Alt Det Du Er,* er fra dit perspektiv at blive dit fremtidige Selv. Hvert øjeblik du *vågner op til* er en yderligere udfoldelse, af *Alt Det Du Er.* Du bevæger dig konstant mod at *være* dit fremtidige Selv. Indse, hvordan den lineære passage af tid kan blive opfattet som *en ydre manifestation, af det du bliver.* Du bevæger dig konstant mod virkeliggørelsen af at være, *Alt Det Du Er.*

Slip forestillingen om at du kan gå tilbage. Det er umuligt at gå tilbage, da du altid kun vil opleve mere og mere *væren.* Gennem dette, vid at udfoldelsen af fremtiden er udfoldelsen af dit væsen. At indse dette er at være klar over, at tid ikke er noget uden for dig, som du eksisterer inde i, men at tid er noget, som du skaber for yderligere at manifestere udfoldelsen af dit *væsen.* At vide, at du skaber *din egen tid,* er at indse at passagen af tid ikke ligger fast. Når du favner forandring, så bevæger du dig hurtigere ind i fremtiden, end hvis du modsatte dig forandring. Derfor kan din åbning overfor forandring se ud som om, du er i kontrol med den måde, hvorpå du oplever tid. Den objektive måling af tid er kun én måde at opfatte den på. Tillad dig Selv at opleve tid på andre måder. At se på tid som en serie sekunder og minutter er ligesom at beskrive et landskab, men blot i termer af arealer.

Tid, er det som tillader oplevelsen af "at blive til". Du er "blevet til". Den eneste ting mellem dig og den bevidste oplevelse, af *Alt Det Du Er,* er *symbolet* af tid. At indse, at tid kun er et redskab, vil sige at have magt over udfoldelsen af dig Selv. Når du kommer til erkendelse af din kraft over tid vil du komme til at indse, at du altid har bevæget dig med den hastighed, som er perfekt for dig. Vid, at alle væsener bevæger sig med forskellig hastighed. Det som én person vil opleve på en dag, vil måske tage en anden person et år. At opleve noget med forskellig hastighed er at opleve det med forskelligt resultat. Hurtigere er ikke bedre end langsommere, det er blot anderledes. Hvad enten et menneske lever i dage eller år, vil de ved slutningen af deres liv have levet en livstid, og oplevet alt det de ønskede at opleve i den form. Tid er en facet af manifestation, og ikke en ramme, hvori manifestation må passe ind.

"Jeg vælger at eksistere i ubegrænsethed."

Jeg healer mig Selv gennem min accept af mig Selv. Denne bog er et udtryk for min accept, af Alt Det Jeg Er. Jeg healer mig Selv gennem virkeliggørelsen af kærligheden som Jeg Er. Denne bog er en kærlighedshandling. Det er det reneste udtryk for lyset, jeg oplever inde i min sjæl - som jeg indtil nu har opnået. Det er min største frygt, jeg ser i øjnene. Opløsningen af denne frygt er min virkeliggørelse af ubegrænsethed.

Jeg er menneske. Jeg er perfekt i min uperfekthed. Jeg er kærlighed. Jeg er uendelig. Og det er du også.

Story Waters er en spiritual forfatter som søger at give mennesker kraft til at opleve lyset inde i deres eget væsen. "At følge Lyset, er at følge Lyset inde i dig selv". Gennem det han skriver giver han mennesker kraft så de kan forbinde sig med, have tillid til og følge deres egen ånd overfor enhver ydre person, organisation, religion eller dogma/trossætning. Han inspirerer mennesker til at udvikle deres egen indre stemme og at elske og fuldstændig acceptere deres eget væsen uden begrænsning.

Story Waters har indført udtrykket "ubegrænsethed" for at beskrive tilstanden hvor ånden naturligt opholder sig. Så hellere end at opmuntre læserne til at blive "en anden end den de er", giver han dem kraft til at realisere *"Alt Det De Allerede Er,"* ved at frigive selvet fra den begrænsede overbevisning som den har påtaget sig i form af frygt, skam, skyld og mangel på selv-værd. Set med Storys øjne er alle et unikt specielt udtryk for Gud, og han føler at hvis vi må give livet mening, vil det være at træde ind i kraften af forståelse, leve i kærlighed som er vores væsen og at dele denne glæde med verden. Ved samtidig at opleve vores enhed og ligeledes vores individualitet ser Story verden forvandle sig til en Forenet Forskellighed, hvor kærlighed ses som en naturlig tilstand som opstår når vi slipper frygten.

Story blev født i England i 1972. Efter at have studeret klinisk psykologi i fem år forlod han universitet et år inden opnåelsen af sin doktorgrad, vidende at dette ikke var hans vej. Han begyndte at kanalisere sit højere selv i en alder af tyve, og opdagede en kraftfuld forbindelse til sin ubegrænsede ånd. Skønt Story stadig kanaliserer, ser han det ikke længere som et adskilt, særskilt stadie, men snarere som en integreret intuitiv sjette sans, lige så vigtig som at kunne se og høre.

Storys første bog *Messias Frø – bind 1* blev udsendt i 2004. Den blev efterfulgt af hans inspirerende lyd optagelse *Love is Awake - Kærligheden er vågnet*. Story skrev *You Are God, Get over it* i 2005, grundlaget for at han introducerede sin første offentlige kanalisering ved Shaumbra 2005 Midsommer Ny Energi Konferencen i Santa Fe. Han fortsatte med at arbejde med følgende bøger, inklusiv et genfortolkning af energien af "Tao Te Ching" og senere Messias Frø bindene. For yderligere information venligst besøg Story på Limitlessness.com

www.ingramcontent.com/pod-product-compliance
Lightning Source LLC
Chambersburg PA
CBHW022026090426
42739CB00006BA/298